MARAVILLOSAMENTE IMPERFECTO, ESCANDALOSAMENTE FELIZ

Diez premisas liberadoras que transformarán tu vida de manera radical

WALTER RISO

MARAVILLOSAMENTE IMPERFECTO, ESCANDALOSAMENTE FELIZ

Diez premisas liberadoras que transformarán
tu vida de manera radical

OCEANO

Diseño de portada: Estudio Sagahón / Leonel Sagahón

MARAVILLOSAMENTE IMPERFECTO, ESCANDALOSAMENTE FELIZ
Diez premisas liberadoras que transformarán tu vida de manera radical

© 2015, Walter Riso
c/o Schavelzon Graham Agencia Literaria
www.schavelzongraham.com

D. R. © 2017, Editorial Océano de México, S.A. de C.V.
Eugenio Sue 55, Col. Polanco Chapultepec
C.P. 11560, Miguel Hidalgo, Ciudad de México
Tel. (55) 9178 5300 • info@oceano.com.mx

Para su comercialización exclusiva en México, países de Centroamérica
y del Caribe, Estados Unidos y Puerto Rico.

Cuarta reimpresión en Océano: febrero, 2017

ISBN: 978-607-735-705-6

Todos los derechos reservados. Quedan rigurosamente prohibidas, sin la autorización escrita del editor, bajo las sanciones establecidas en las leyes, la reproducción parcial o total de esta obra por cualquier medio o procedimiento, comprendidos la reprografía y el tratamiento informático, y la distribución de ejemplares de ella mediante alquiler o préstamo público. ¿Necesitas reproducir una parte de esta obra? Solicita el permiso en info@cempro.org.mx

Impreso en México / Printed in Mexico

Para Mario Gómez Sarmiento,
amigo y hermano

En el jardín de un manicomio conocí a un hermoso joven de rostro pálido y encantador.

Me senté a su lado en un banco y le pregunté: –¿Por qué estás aquí?

Mirándome extrañado me contestó: –Es ésa una pregunta inapropiada, pero no obstante te contestaré. Mi padre quiso hacer de mí una copia de él; lo mismo ocurrió con mi tío. Mi madre pretendía que fuera la imagen de su padre. Mi hermana me señalaba a su esposo, navegante, como el modelo de perfección. Mi hermano, excelente atleta, pensaba que yo debía ser como él. Y también mis profesores, el doctor en filosofía, en música y en lógica, fueron tajantes pretendiendo que fuera reflejo de su imagen en un espejo. Por eso vine aquí. Me pareció más sano. Por lo menos podré ser yo mismo.

Luego se volvió hacia mí y me preguntó: –Y dime tú ahora, ¿viniste a este lugar guiado por la educación y los buenos consejos?

Le contesté: –No, sólo soy un visitante.

Me respondió: –¿Ah, eres uno de los que viven en el manicomio, pero del otro lado de la pared?

JALIL GIBRÁN

La libertad no vale la pena si no conlleva el derecho a errar.

GANDHI

Índice

Introducción, 19

PREMISA LIBERADORA I. MALTRATARTE PORQUE NO ERES COMO "DEBERÍAS SER" ES ACABAR CON TU POTENCIAL HUMANO

La estúpida costumbre de aporrear el "yo" y sentirse satisfecho por ello, 31
Tres maneras de "darse duro", de las cuales no siempre somos conscientes, 32
Insultarse y autocriticarse exageradamente, 33
Sobregeneralizar aspectos negativos de uno mismo, 34
Fabricar y colocarse etiquetas emocionales destructivas, 38
El paciente "cabezón", 39
El arte de sentirse fracasado sin serlo, 40
El mejor antídoto contra el autocastigo: la autoaceptación por encima de todo, 42
Autoaceptación radical, 42
La "ciudadela interior", 45
El cuidado de sí: el amor propio en acción, 47

PREMISA LIBERADORA II. NO TE COMPARES CON NADIE:
LA PRINCIPAL REFERENCIA ERES TÚ MISMO

Mirar más hacia dentro que hacia fuera, 51
La comparación que inspira *vs.* la comparación que plagia, 53
Esculpir tu propia estatua, 54
Apropiarse de uno mismo, 56
Algunos antídotos para evitar la comparación injusta
    e innecesaria, 59
    La seguridad en uno mismo, 59
    Reconocer el valor personal, 60
    Ser auténtico, 62
    Defender la propia naturaleza, 63

PREMISA LIBERADORA III. LAS PERSONAS NORMALES DUDAN
Y SE CONTRADICEN: LAS "CREENCIAS INAMOVIBLES" SON
UN INVENTO DE LAS MENTES RÍGIDAS

Sin duda razonable no hay crecimiento personal, 67
La duda retardataria y la duda motivadora, 70
Tres postulados contra la duda razonable que debes evitar, 72
    "No cambies de opinión", 72
    "Debes tomar partido siempre", 75
    "Nunca digas 'no sé'", 76

PREMISA LIBERADORA IV. DESINHIBIRSE ES SALUDABLE:
NO HAGAS DE LA REPRESIÓN EMOCIONAL UNA FORMA DE VIDA

Cuando la "virtud" del autocontrol asfixia, 83

ÍNDICE

Dos máximas para que la moderación de las emociones
no se convierta en restricción patológica, 87
Fuegos y fueguitos, 88
La "constipación emocional" o *alexitimia*, 89
Jugar y seguir jugando, así tengas cien años, 91

PREMISA LIBERADORA V. LA REALIZACIÓN PERSONAL NO ESTÁ EN SER EL "MEJOR", SINO EN DISFRUTAR PLENAMENTE DE LO QUE HACES

La cultura del ganador y el rendimiento extremo, 95
No olvides las estrellas, 96
Aléjate lo más posible de la personalidad *tipo A*, 98
Cómo eliminar la angustia por ser el mejor y el más exitoso:
tres propuestas transformadoras, 101
*Primera propuesta: dejarse llevar más por el proceso
que por el resultado*, 101
Segunda propuesta: practicar la "inmersión contemplativa", 105
*Tercera propuesta: conectar con tu vocación más profunda
(autorrealización)*, 111

PREMISA LIBERADORA VI. RECONOCE TUS CUALIDADES
SIN VERGÜENZA: MENOSPRECIARTE NO ES UNA VIRTUD

No dejes que la modestia exagerada te aplaste, 117
El reconocimiento de nuestros atributos, 118
La autoexigencia destructiva, 120
Dos claves para hacer frente al menosprecio personal, 123
Sentirte orgulloso de ser quien eres, 123
Aprender a colgarse medallas a uno mismo, 126

PREMISA LIBERADORA VII. LA CULPA ES UNA CADENA QUE TE ATA AL PASADO: ¡CÓRTALA!

La carga de la culpa, 131
Responsabilidad adaptativa *vs.* responsabilidad autodestructiva (culpa), 133
  Responsabilidad adaptativa, 134
  Responsabilidad autodestructiva (culpa), 136
La manera más eficaz de instalar la culpa en un niño, 139
Una segunda vía educativa más saludable: aprendizaje por convicción y valores, 141
Cómo perdonarse a uno mismo y cortar la cadena de la culpa irracional, 142
  Reparte responsabilidades de manera racional: la técnica del pastel, 143
  Reconocer el error sin autodestruirte, 146
  Otorgarte una segunda oportunidad: fijar metas para no recaer, 146
  No dejes cosas inconclusas contigo mismo, 147
  No utilices categorías globales para autoevaluarte, 147
  Familiarízate con el "desgaste por sufrimiento" y si puedes aplícalo, 148
  Aprende a separar responsabilidad racional de culpa autodestructiva, 149
  Combatir el odio a uno mismo: amor propio y supervivencia, 149

PREMISA LIBERADORA VIII. NO TE OBSESIONES POR EL FUTURO: OCÚPATE DE ÉL, PERO NO DEJES QUE TE ARRASTRE

Atrapado en el futuro, 153
Preocupación productiva *vs.* preocupación improductiva, 155
La técnica del "mal adivinador", 159
Habitar el presente: dos relatos para reflexionar, 160
Aprender a convivir con la incertidumbre, 162
   La "necesidad de control", 162
   La "ilusión de control", 163
   La estrategia de Epícteto o dejar de perseguir aquello
     que escapa de nuestro control, 165
   La sana costumbre de explorar y curiosear, 167
Adoptar un realismo inteligente, 168
   El peligro del pesimismo crónico, 168
   El peligro del optimismo excesivo, 170
   La actitud más saludable ante la vida: el realismo cognitivo, 173
Elogio a la despreocupación responsable:
   ¿te animas a intentarlo?, 174

PREMISA LIBERADORA IX. SOMETERTE AL "QUÉ DIRÁN" ES UNA FORMA DE ESCLAVITUD SOCIALMENTE ACEPTADA

Los demás no validan tu persona: ¿qué te importa
   lo que piensen de ti?, 179
Dos discriminaciones que te ayudarán a defenderte
   del que dirán y el miedo a la desaprobación social, 183
   Deseo/preferencia vs. *necesidad de aprobación*, 183
   Crítica negativa vs. *crítica constructiva*, 185

Trata de no ser víctima de tu propio invento
  (profecías autorrealizadas), 187
  La profecía autorrealizada de las personas desconfiadas
    o paranoides, 188
  La profecía autorrealizada de las personas tímidas, 190
Algunas formas indignas para mantener la aprobación
  de los demás que sería mejor no utilizar, 191
Ejercicios para vencer la vergüenza, 194

PREMISA LIBERADORA X. PERMÍTETE ESTAR TRISTE DE VEZ EN CUANDO: LA "EUFORIA PERPETUA" NO EXISTE

La exigencia irracional de ser feliz a toda costa, 199
El monje y el paciente, 203
Nuestra amiga la tristeza, 206
  La función adaptativa de la tristeza: cómo descifrarla, 206
  Aprender a diferenciar tristeza de depresión, 208
La felicidad según la ciencia y mi parecer, 210
Seis claves para acercarse al bienestar de manera realista, 213
El contenido verdadero de la felicidad es la alegría, 216
Sin libertad no hay alegría, 217

Epílogo: imperfecto, pero feliz, 219

Bibliografía, 229

Glosario de cuentos y relatos, 233

Introducción

Dos fuentes principales inspiraron este libro: una profesional y otra personal. En los últimos treinta años he visto como terapeuta a muchas personas que sufren por distintas razones, a quienes he intentado sacar de su problemática utilizando distintas técnicas y procedimientos, principalmente de la terapia cognitiva. Muchas de estas personas son víctimas de lo que denomino *mandatos irracionales perfeccionistas*. Estos mandatos pretenden que seamos "hombres y mujeres que han alcanzado el top 10", es decir, seres excepcionales en alguna área, no importa el costo. Preceptos muy publicitados y transmitidos por el aprendizaje social que, con el tiempo, se convierten en una forma de autoexigencia cruel e injustificada. Un sufrimiento inútil que se instala y echa raíces en la mente con la anuencia y premeditación de una cultura obsesionada por los "ganadores".

Un mandato irracional perfeccionista es una exigencia cultural que promueve la realización personal (prosperidad, bienestar, éxito) o la adecuación social (excelencia, ejemplaridad, prestigio, reconocimiento) a través de una supuesta perfección psicológica, conductual y emocional, que además de inalcanzable es profundamente nociva. Cuando entra en nuestras mentes produce estrés, fatiga crónica, desesperanza, altos niveles de ansiedad, sensación de fracaso, infelicidad, frustración y sinsentido, entre otras muchas.

Veamos un caso, a manera de ejemplo.

Una mujer llegó a mi consulta porque el estrés y la ansiedad que sentía habían alcanzado niveles insoportables. Era una madre *excelente*, una *gran* esposa, una ejecutiva *incansable* y *eficiente* en su trabajo, socialmente *encantadora* y muy *inteligente*. El típico dechado de virtudes admirada por la mayoría. En la primera consulta resumió así su problemática: "Estoy cansada de tratar de ser la mejor en todo lo que hago. Mi marido, mi madre, mis hijos, los accionistas de la empresa y mis amigos, todos esperan mi mejor rendimiento y que además sea fuerte, que no cometa errores, que me mantenga siempre segura de mí misma, en fin, que jamás les falle.... Pero me cansé de exigirme tanto. Estoy agotada de mantener este ritmo. He llegado a esta conclusión después de pensar mucho...". Al cabo de unas citas, mi impresión diagnóstica fue que mi paciente tenía razón, así que la terapia tuvo una meta esencial: aprender a "desorganizarse" un poco y a no tomarse la responsabilidad tan a pecho. Dicho de otra forma: a ejercer *el derecho a fracasar y a ser débil*. Sin faltar a sus deberes, intentar ser menos implacable consigo misma, más relajada y no tan "ejemplar". Le sugerí que hiciera una reunión con toda la familia y que se declarase, a partir de ese momento, en estado de "solemne imperfección". Y así lo hizo ante la sorpresa e incredulidad de los asistentes. Hoy, después de algunos meses de arduo trabajo terapéutico, es una mujer más tranquila y feliz, acepta sus errores y maneja un patrón racional de autoexigencia.

No hay que ser necesariamente "el mejor de los mejores" para acceder al bienestar, aunque muchos digan lo contrario. Si en tu casa te repetían: "Estás hecho para grandes cosas" o "Eres un ser excepcional" y te has creído el cuento, cambia el mantra por una frase más saludable: "Estoy hecho para hacer buenas cosas, interesantes, alegres y simpáticas, así no sean extraordinarias y fuera de serie". Te quitarás un enorme peso de encima.

Podría argumentarse: "¿Pero acaso no es bueno avanzar y crecer como ser humano?". La respuesta es un contundente "sí", siempre y cuando tal mejoramiento sea racional y no nos flagelemos en el intento. Millones de personas en el mundo se debaten entre lo que deberían ser y lo que son, angustiadas porque no son "psicológicamente ejemplares" ni "emocionalmente perfectas".

La coacción de tener que ser una persona mentalmente "óptima" y un "modelo a seguir" la sufrí en persona en más de una ocasión. En realidad, toda mi infancia y adolescencia me la pasé tratando de llenar las expectativas perfeccionistas de mi familia y del medio que me rodeaba, aunque, por decirlo de alguna manera, no daba pie con bola.

Veamos algunas situaciones típicas.

El valor que más predicaban mis parientes cercanos, por haber sido excombatientes de la segunda guerra mundial, era la "valentía" en todos los órdenes de la vida. Yo, por desgracia, fallaba en dos: era tímido con el sexo opuesto y odiaba especialmente las cucarachas. Dos debilidades que mis padres y tíos veían como una especie de malformación genética. Solían decirme: "¡Nosotros echamos a los nazis de Nápoles en cuatro días y tú casi te desmayas ante un insecto miserable!". Yo les respondía que por más miserables que fueran, las cucarachas de mi casa eran gigantes y ¡algunas volaban! Por otro lado, cuando iba a una fiesta y no bailaba debido al miedo al rechazo (en esa época había que ir hasta el lugar donde estaba la candidata e invitarla públicamente a la pista de baile), mi padre se encerraba conmigo y me daba infinidad de consejos sobre cómo seducir a las mujeres y ser el "más grande" de los conquistadores. Al final de la conversación, nunca faltaba la pregunta difícil: "¿Pero te gustan las chicas, no?". Mi respuesta era afirmativa y casi siempre prometía convertirme en el mayor de los galanes, un "don Walter". En otras palabras, para reunir los requisitos de un hombre "fuera de serie", según el contexto donde me movía, debería haber sido un kamikaze en los bailes (suicida con las mujeres y sin miedo al rechazo) y un asesino en serie de cucarachas (valiente hasta la médula). Demasiado para alguien que sólo andaba descubriéndose a sí mismo y buscando qué hacer con su vida. Recuerdo que por esos años leí una frase de Carl Jung que me sacudió, y aún me acompaña: "No quiero ser el mejor, quiero ser completo". Volveré sobre este tema en el capítulo de la comparación.

Veamos lo que expresa un reconocido diccionario sobre el término *perfección*: "Lo perfecto, por su parte, es lo que no tiene errores, defectos o falencias: se trata, por lo tanto, de algo que *alcanzó el máximo nivel posible*" (las cursivas son mías). Si vas a vivir sometido a este estándar, cada día será una tortura, porque tendrás que machacarte una y otra vez para tratar de "alcanzar lo inalcanzable", ya que no tener "errores, defectos o falencias" es imposible. Y además, ¿por qué deberías "llegar al máximo del nivel posible" que definen los expertos en competitividad? ¿No te basta con crecer hasta el punto en que vivas tranquilo y en paz contigo mismo, sin intentar romper ningún récord Guinness? La vida saludable cohabita con la sencillez, en esforzarse sin ansiedad, inducido por la pasión y el entusiasmo, claro está, pero no por la desesperación de ser sobresaliente a cualquier costo. Los antiguos griegos, que predicaban y practicaban la sabiduría, sabían que nunca llegarían a alcanzarla totalmente. Ser "sabio" era un horizonte, un referente al cual aspiraban, y el disfrute estaba en ir hacia él. ¿Qué pasaría si hiciéramos del desarrollo de nuestros valores un mejoramiento permanente, relajado y sin pretensiones de ser "únicos" y "especiales"?

Pero si vemos la definición de *imperfecto* la cuestión se pone peor: "Que no tiene todas las cualidades requeridas o deseables para ser bueno o *el mejor de su género*" (las cursivas son mías). Sí, leíste bien: si no eres el "mejor en tu género" serás casi un ser anómalo, excluido del grupo de los distinguidos. En oposición a este delirio perfeccionista, podrías pensar de una forma más saludable y realista: "Si mi manera de ser no es dañina para mí ni para nadie, pues seré como yo quiera, no importa el puesto que ocupe respecto a los de mi *género*".

Cuanto más te alejes de la idea absurda de la "perfección psicológica y emocional", más te aproximarás a una *aceptación incondicional de ti mismo*, obviamente sin desconocer tu consabida y fascinante imperfección natural y humana. Como podrás leer a lo largo del texto, no necesitas de cualidades excepcionales o descollar en algún atributo especial para sentirte orgulloso de ser quien eres. La clave está en apuntar a un *crecimiento personal sostenible*, sin pedir peras al olmo (nosotros somos el olmo) y sin que la autoestima se vea afectada. Partir de lo que *dispones*, de lo que *eres* y no de lo que deberías ser o tener: de tus fortalezas *reales*. Cuando tomes la decisión de aceptarte a ti mismo de manera incondicional y sin excusas, descubrirás tu camino. Como decía Buda: "Tú eres tu propia luz", y aunque no seas la más brillante del mundo, será tuya, será *tu* luz original y verdadera, propia e intransferible.

Este libro te propone *diez premisas liberadoras* para dejar de "querer ser lo que nunca podrás ser" y, aun así, amarte y cuidarte. Cada una de ellas ocupa un capítulo y puedes leerlos en el orden que prefieras o incluso elegir alguno que sea de tu especial interés; no obstante, el impacto positivo de la lectura sólo se logrará si te acercas a todo el mensaje del texto. Estas premisas liberadoras se enfrentan a determinados *mandatos irracionales perfeccionistas* que nos han inculcado y amargan la existencia. Veamos en detalle a qué esquemas nocivos y erróneos se oponen estas premisas liberadoras:

Premisa liberadora I. Maltratarte porque no eres como "deberías ser" es acabar con tu potencial humano

Esta premisa se opone al mandato irracional perfeccionista que incita al autocastigo y a la autocrítica despiadada:

> Si quieres salir adelante y estar por encima de la mayoría, tienes que darte duro hasta que te salgan callos

Premisa liberadora II. No te compares con nadie: la principal referencia eres tú mismo

Esta premisa se opone al mandato irracional perfeccionista que te lleva a compararte con los demás y a poner en riesgo tu propia identidad:

> Compárate con los "fuera de serie", ellos marcarán tu camino

Premisa liberadora III. Las personas normales dudan y se contradicen: las "creencias inamovibles" son un invento de las mentes rígidas

Esta premisa se opone al mandato irracional perfeccionista cuya meta es configurar mentes rígidas e incapaces de revisarse a sí mismas:

> La gente segura de sí misma siempre sabe lo que quiere y jamás duda

Premisa liberadora IV. **Desinhibirse es saludable: no hagas de la represión emocional una forma de vida**

Esta premisa se opone al mandato irracional perfeccionista que pretende establecer la "represión emocional" como un estilo de vida virtuoso y conveniente:

> Mantén tus emociones bajo control:
> excederte o expresarlas libremente es de mal gusto
> y mostraría que eres débil de carácter

Premisa liberadora V. **La realización personal no está en ser el "mejor", sino en disfrutar plenamente de lo que haces**

Esta premisa se opone a un mandato irracional perfeccionista que promueve la ambición desmedida y que asocia, indefectiblemente, el éxito a la felicidad:

> Si quieres ser una persona realizada debes ser el mejor,
> cueste lo que cueste

Premisa liberadora VI. **Reconoce tus cualidades sin vergüenza y abiertamente: menospreciarte no es una virtud**

Esta premisa se opone al mandato irracional perfeccionista que alimenta una humildad destructiva y sin autorreconocimiento:

> Las personas que se sienten orgullosas de sus logros
> y virtudes son vanidosas y soberbias: les falta modestia

Premisa liberadora VII. La culpa es una cadena que te ata al pasado: ¡córtala!

Esta premisa se opone al mandato irracional perfeccionista que hace del masoquismo moral un valor casi religioso y trascendente:

> Sentirte culpable te hace ser una buena persona

Premisa liberadora VIII. No te obsesiones por el futuro: ocúpate de él, pero no dejes que te arrastre

Esta premisa se opone al mandato irracional perfeccionista que fomenta el pesimismo y la preocupación catastrófica como una forma de vida "responsable":

> Hay que estar preparados para lo peor e intentar tener
> el futuro bajo control

Premisa liberadora IX. Someterte al "qué dirán" es una forma de esclavitud socialmente aceptada

Esta premisa se opone al mandato irracional perfeccionista que reclama la mayor dependencia posible de la aprobación de los otros como factor indispensable de progreso:

> Si quieres ser alguien prestigioso y renombrado
> tienes que caerle bien a todo el mundo

Premisa liberadora X. Permítete estar triste de vez en cuando: la "euforia perpetua" no existe

Esta premisa se opone al mandato irracional perfeccionista que procura eliminar toda forma de tristeza, como si vivieras en un paraíso terrenal:

> Para ser feliz y tener una buena vida hay que alejarse
> totalmente de la tristeza

Los *mandatos irracionales perfeccionistas* que he elegido parten de mi experiencia clínica y otras fuentes de la terapia cognitiva, y aunque no los agotan de ninguna manera (los mandatos o imperativos sociales enfermizos pueden ser muchos y variados), creo que los que aquí presento son suficientes para despertar en el lector la conciencia de que vivimos entre oprimidos y sobrecargados y que tratar de "sobresalir" cueste lo que cueste, enferma.

El contenido negativo que representan estos mandatos perfeccionistas habita en las estructuras más profundas de nuestro cerebro en forma de condicionamientos y paradigmas sumamente tóxicos. Estas proposiciones fueron instaladas por aprendizaje, con una instrucción contundente: "Hazlo tuyo y aplícatelo". Lo que implica que nosotros mismos nos hemos encargado de mantenerlos y alimentarlos. Dicho de otra forma: *nos* autoexigimos, *nos* autoexplotamos, *nos* autocastigamos, *nos* autoinhibimos, *nos* autosegregamos, y así. Cada mandato negativo toma la forma de un "auto", sustentado por una educación que transmite de generación en generación estos antivalores, bajo la mirada impávida de la mayoría que los consideran normales, útiles y veraces.

El mensaje que subyace al texto es como sigue: *acéptate a ti mismo de manera incondicional, sin pretextos, y desarrolla tus auténticas fortalezas, más allá de cualquier delirio de grandeza.* Serenar la marcha, bajar las revoluciones y observarnos a nosotros mismos con mayor agudeza y sin tantos afanes competitivos. Una vida bien llevada es aquélla donde la alegría y el disfrute importan más que el dolor.

Cierta vez un predicador estaba dando su plática y volvía una y otra vez sobre el tema de la Buena Nueva que cambiaría la humanidad: todos podían salvarse si se seguían ciertos preceptos. Un maestro espiritual muy anciano que estaba escuchando atentamente interrumpió para preguntarle: –¿Qué clase de buena noticia es ésa, que hace tan fácil ir al infierno y tan difícil ir al cielo? El predicador, nervioso, prefirió cambiar de tema.

Pues invirtamos las opciones: que el bienestar no sea la excepción, que obtener la paz interior no sea una tarea de titanes. Rompamos los moldes y reacomodemos nuestras expectativas a un cambio profundo y sereno, donde el epicentro sea el fortalecimiento de un "yo" que se respete y se acepte a sí mismo de manera radical, no importa como sea. Ten presente que la valía personal nunca está en juego. La consigna es determinante: *puedes ser escandalosamente feliz en medio de tu maravillosa imperfección.*

PREMISA LIBERADORA I

MALTRATARTE PORQUE NO ERES COMO "DEBERÍAS SER" ES ACABAR CON TU POTENCIAL HUMANO

*Necesitas más energía para destrozarte a ti mismo
que para construir un poco de felicidad.*

Jiddu Krishnamurti

La estúpida costumbre de aporrear el "yo" y sentirse satisfecho por ello

He aquí un *mandato irracional perfeccionista* que hunde en la depresión a millones de personas en el mundo:

> Si quieres salir adelante y estar por encima de la mayoría tienes que darte duro hasta que te salgan callos

Lo siento por los fanáticos de la penitencia, pero la vida no es un entrenamiento en artes marciales. Una cosa es el esfuerzo inteligente y otra el azote irracional para "endurecerse". Los consultorios están atestados de gente que, debido a este mandato, sólo ve lo malo de sí misma o se maltrata porque no es como "debería ser". Pese al aparente culto al placer y la autoindulgencia existente en la posmodernidad, la depresión debido al autocastigo psicológico se ha acrecentado y profundizado, así muchos pongan cara de hedonistas realizados. En la carrera hacia la perfección, ¿quién no se ha mirado al espejo alguna vez y ha soltado un profundo: "¡Qué cansancio!"?

Nos creemos el cuento del superhéroe o la chica maravilla, lo asimilamos, lo metemos a fuego en nuestra base de datos y funcionamos con esos lastres como si estuviéramos destinados a la grandeza. Una creencia que acompaña al anterior mandato y lo refuerza es la siguiente: "No debo permitirme ninguna falla, si quiero triunfar. El más mínimo error debe ser drásticamente sancionado y removido". Autocastigo en estado puro: no sólo te vuelves perfeccionista de tu propio ser, sino que te azotas y además te sientes satisfecho por "el deber cumplido".

La necesidad de una excelencia inalcanzable se enquista en el cerebro y se desarrolla hasta convertirse en una epidemia interior que te impulsa a maltratarte si te desvías del "camino recto". Aquí nace y se afinca el verdugo interior que te susurra malignamente: "No estás a la altura de lo que deberías ser".

¿Qué hacer? La mejor opción es rebelarnos a esta manera de pensar, que nuestro organismo revierta el proceso autodestructivo y cambie castigo por compasión, rechazo por aceptación. Insisto: jamás serás psicológicamente perfecto y, como verás a lo largo de este libro, no necesitas serlo para tener una buena vida.

Tres maneras de "darse duro", de las cuales no siempre somos conscientes

A continuación señalaré tres maneras de hacerse daño a uno mismo y algunas sugerencias para modificarlas: (*a*) insultarse y criticarse exageradamente, (*b*) sobregeneralizar aspectos negativos, y (*c*) fabricar y colocarse etiquetas emocionales destructivas. Estos modos de flagelarse para "sacar callos" son alentados por el mandato del autocastigo y la autodisciplina a ultranza, en tanto son considerados requisitos del "perfeccionamiento mental" al mejor estilo espartano.

Insultarse y autocriticarse exageradamente

Está comprobado que si te insultas o te criticas rígida e injustamente tu potencial humano y tus capacidades se bloquean o disminuyen. Recuerdo el caso de un joven que había empezado a jugar tenis como profesional y era visto por todos como una gran promesa. Sin embargo, tenía su talón de Aquiles: no podía soportar sus errores en la cancha. No me refiero a que simplemente se disgustara, a nadie le gusta perder, sino que cuando el golpe no era preciso o se equivocaba, se flagelaba mentalmente. Una cascada de agravios y ofensas autoinfligidas caían como piedras: "¡Estúpido!", "¡Mal nacido!", "¡No sirves para nada!", "¡Dedícate a otra cosa!", "¡No eres más que un pobre infeliz!", y así. La conclusión de semejante ataque despiadado solía ser siempre la misma: "No merezco ganar". Este pensamiento afectaba negativamente la motivación y como una gran profecía autorrealizada, simplemente perdía, así fuera adelante en el marcador. Jugaba muy bien hasta cometer dos o tres equivocaciones y, a partir de allí, ante la mirada atónita de su entrenador y de sus seguidores, entraba en una cuesta abajo liderada por él mismo. Cuando logró cambiar su lenguaje interno por uno más objetivo y benévolo, y aceptó la "imperfección natural" que acompañaba su juego (como cualquier tenista), pudo mejorar y disfrutar los encuentros sin hacer pataletas. Su nueva voz interior se orientó a dos cuestiones: (*a*) intentar resolver el problema ("Debo cambiar este golpe", "Estoy inclinando la raqueta", "Es mejor no acercarme a la red") y (*b*) darse ánimo y motivación ("Soy capaz", "No debo darme por vencido", "Voy a superar este momento"), en fin, besos y aplausos invisibles de él para él. Su hándicap se debilitó ostensiblemente.

El círculo vicioso del insulto interior es terrible: cuánto más te castigues más ansioso o deprimido estarás y menor será tu rendimiento, por lo que confirmarás tu incapacidad y nuevamente te tratarás mal. La involución "perfecta".

Sobregeneralizar aspectos negativos de uno mismo

La sobregeneralización nociva es una distorsión del pensamiento o error mental, aplicada a uno mismo o a las cosas, que nos hace percibir un patrón global de negatividad a partir de un único y simple incidente. Dicho de otra manera: se llega a una conclusión negativa que va mucho más allá de lo que sugiere la situación. Continuando con el tema del deporte, supongamos que un hombre o una mujer joven, que comienza en atletismo, dijera: "Como no superé mi marca en la competencia, significa que *mi vida como atleta se ha acabado*" o "Como no superé mi marca en la competencia, significa que *soy un mal atleta*". A partir de un único incidente (*no superar la marca*) se concluye por generalización que ya no podrá ser un buen atleta (*patrón global de negatividad*). *Cuando quieras hacer uso de la crítica, refiérete siempre a tu conducta y no a tu esencia.* ¡Quítate la marca de la cabeza!

Presentaré algunos ejemplos de pensamientos negativos sobregeneralizados que me han manifestado muchos pacientes y cómo cuestionarlos. Como podrás observar, en cada uno de ellos se parte de un hecho concreto, se hacen interpretaciones erróneas y luego se salta de manera ilógica a una conclusión categórica negativa de sí mismo.

- "He cometido algunas equivocaciones en el trabajo; por lo tanto, soy un inútil."

    ¿Por qué deberías ser un "inútil"? Cualquiera comete algunos errores. Además, ¿de dónde sacas que seguirás equivocándote?

Las personas aprenden por ensayo y error y tú no escapas a ese principio. En vez de gastar tiempo en lamentarte y darte duro, trata de aprender de tus metidas de pata. Busca las causas: podrías tener alguna preocupación específica que te lleva a estar desatento, tal vez el estrés esté haciendo de las suyas o quizá no comprendiste bien la tarea que se te asignó; en fin, posibilidades hay muchas. Pero de ahí a darte con un garrote y afirmar que eres un inútil hay un trecho muy largo. Según el diccionario, "inútil" significa inservible, que no sirve para nada. ¿Te ajusta esa definición? ¿No sirves para nada? Es estadísticamente imposible.

- "Me ha dejado mi pareja; por lo tanto, no soy querible."

¿Por qué concluyes que si *una* persona no te quiere, *ninguna* te querrá? ¿Cómo das ese salto deductivo? ¿Quién te dijo que debe amarte todo el mundo? ¿Cómo llegas a la conclusión de que *no eres querible*? Pues lo siento, no importa como seas, por pura estadística alguien te amará. Suelta las redes y deja que el amor toque tu puerta. Si te enconchas nadie sabrá que estás "disponible".

- "No he logrado tener dinero; por lo tanto, soy un fracaso."

No seas injusto con tu persona. No te llames fracasado. El éxito no sólo se mide en metálico, sino también en satisfacciones y crecimiento personal. Debe haber muchas cosas en las que te va bien. Quizás hayas formado una familia, seas un buen hijo o hija, o a lo mejor triunfaste en el amor; en fin, mira todo el menú que conforma tu vida y encontrarás que la categoría "fracaso" no se puede generalizar. Uno pierde batallas, es verdad, pero no necesariamente la guerra. Si no eres un millonario o una millonaria, sigues siendo humano y eso te da unas posibilidades impresionantes. Piénsalo, como dice el refrán: "Un tropezón no es una caída", y si de todos modos vas a calificarte o etiquetarte, al menos hazlo racionalmente.

- "Los amigos no me duran; por lo tanto, soy una persona poco interesante y aburrida."

¿De dónde sacas que debes "divertir" a tus amigos, como si fueras el bufón del rey? Mis mejores amigos han sido los que hablan poco y me escuchan con paciencia. Ser amigo tampoco requiere poseer conocimientos profundos de un tema o saber contar chistes. Si no te duran tus amistades, quizás sea porque tu prevención las aleja o posiblemente las elijas mal. En todo caso, sigue intentándolo sin sancionarte. No hagas una inferencia arbitraria autodestructiva respecto a tus habilidades sociales. Podrías decir: "Es raro que los amigos no me duren, estudiaré y analizaré con calma por qué pasa esto", sin apresurarte a colgarte el cartel de "poco interesante".

- "Mi hijo es muy inquieto y no sé cómo manejarlo; por lo tanto, como madre soy un desastre."

Ser una buena madre es ser responsable y preocuparse por sus hijos. No nos enseñan a ser padres y menos si los niños son difíciles. Contesta estas tres preguntas: ¿te duele el dolor de tu hijo?, ¿te alegra su alegría?, ¿darías la vida por él? Si las tres respuestas son afirmativas estás del lado de las madres sensibles y afectuosas, es decir, de las buenas madres. Que no sepas cómo manejar o controlar a tu hijo lo único que dice de ti es que te falta aprendizaje. Si realmente conocieras madres "desastrosas" te sorprenderías de lo lejos que estás de esa categoría. Pide ayuda, que alguien te enseñe y da a tu papel de educadora una oportunidad científica, sin olvidar que una madre "perfecta" es una pesadilla para un hijo normal e "imperfecto".

Pensamientos negativos no siempre conscientes, como los anteriores, afectan tu autoestima a diario. Llevamos internamente la dudosa cualidad de sobregeneralizar a partir de unos cuantos hechos y colgarnos etiquetas que funcionan como lápidas.

En un antiguo monasterio, un discípulo cometió un grave error y a raíz de ello se dañó un sembradío de papas. Los demás esperaban que el instructor principal, un anciano venerable, le aplicara un castigo que sirviera de ejemplo. Pero cuando al cabo de un mes vieron que no pasaba nada, uno de los discípulos más críticos le dijo al viejo instructor:

–¿Cómo puedes ignorar lo sucedido? Después de todo, Dios nos ha dado ojos para mirar...

–Claro— respondió el anciano—, pero también nos dio párpados. [1]

Si no es cuestión de vida o muerte a veces es bueno hacer la vista gorda, relajar la atención y dejar que las experiencias ocurran sin ponerle tantas condiciones. Recuerdo a una mujer que estaba sentada a mi lado en un viaje por los lagos del Sur cruzando de Argentina a Chile que me dijo en un momento: "¿Usted no cree que esa montaña está muy tirada a la derecha?". Algunas cosas son como son y punto.

Fabricar y colocarse etiquetas emocionales destructivas

Es una manía social y algunos psicólogos piensan que se trata de un déficit de nuestro cerebro que siempre quiere categorizar y clasificar. Nos encanta colgar rótulos y definir a la gente para poder predecir su comportamiento o saber a qué enfrentarnos. Estos estereotipos psicológicos y sociales van definiendo la personalidad del etiquetado como una profecía que se cumple a sí misma. Por ejemplo, si en tu infancia tus padres y profesores dudaban de tus capacidades intelectuales, es probable que te hayan tratado como una persona poco inteligente y ese trato haya limitado algunas de tus potencialidades.

Para vencer el peso de los rótulos hay que hacer un trabajo interior con el fin de quitarte el señalamiento, empezar a valorarte no por el "título que te han puesto" sino por el contenido de tus pensamientos, conductas y sentimientos. Lo que eres de verdad. No necesitas que algún especialista en estadística agrupe tus características y te bautice. No eres un ser totalmente estable e inflexible. Puedes cambiar y volver a cambiar, y hacerlo otra vez, testarudamente, haciendo trizas la inscripción que te colgaron. Eres vida en perpetua evolución, tu ser es impermanente (Buda) y se inventa a sí mismo a cada instante (Sartre).

> Días después de que atentaran contra su vida, Buda se cruzó con el hombre que había querido matarlo y lo saludó afectuosamente.
> —¿No estás enfadado conmigo, señor? —preguntó el hombre, muy sorprendido.
> —No, claro que no —respondió Buda.
> —¿Por qué? —inquirió, sin salir de su asombro.
> —Por qué ni tú eres ya el mismo que arrojó la roca, ni yo soy ya el que estaba allí cuando me fue arrojada. [2]

¡Y sólo habían pasado unos días! Estamos metidos en el flujo de la existencia donde nada se pierde y todo se transforma. Y si tu lado más conservador es resistente al cambio, pelea con él; estancarte es morir lentamente, es acabar con tu capacidad adaptativa. Quítate los epitafios de encima, aún estás vivo.

El paciente "cabezón"

Recuerdo un paciente que cuando llegó a mi consultorio, luego de decirme su nombre, agregó: "Pero puede decirme *El cabezón*". Le pregunté si era un apodo y me respondió que en realidad ya se había convertido en un complejo, porque él sabía que tenía la cabeza más grande de lo normal y que precisamente ése era el motivo de la consulta. Desde pequeño lo habían rotulado con ese alias, incluso algunos profesores del colegio. Por otra parte, él atribuía su escaso éxito con las mujeres a que tenía una cabeza muy grande y como anticipaba el rechazo, evitaba acercárseles. En realidad su cabeza era normal, pero él se odiaba a sí mismo por sentirse imperfecto y físicamente desproporcionado. Su distorsión en la autoimagen había crecido con el tiempo, por lo cual se había encerrado en sí mismo y aislado socialmente. Un día cualquiera conoció a una chica de la universidad que le gustó mucho. Al poco tiempo quiso invitarla a salir, pero le daba vergüenza. En una sesión me dijo: "Imagínese, yo con semejante cabeza, invitarla a salir". Le expliqué que su cráneo no era desproporcionado respecto de su cuerpo e intenté demostrárselo de diversas maneras: pedí ayuda a un médico para que lo viera y tratara de convencerlo, medí su cabeza varias veces, consultamos manuales de anatomía y apliqué varias técnicas cognitivo-conductuales, pero por desgracia la visión negativa que tenía de sí mismo era muy resistente al cambio. Llegué a la conclusión de que la única forma de cambiar su autopercepción era enfrentar algunas de las situaciones que estaba evitando debido a su supuesta "deformidad". Decidimos entonces comenzar con su compañera de clase e invitarla a salir. Enfrentar el posible rechazo como si fuera kamikaze sin ocultarle nada y decirlo todo de frente. Lo ensayamos varias veces para bajar la ansiedad anticipatoria, y además como la joven se mostraba muy simpática con él y le hablaba en ocasiones (aunque según él, sin apartar la mirada de su cabeza), había una lejana esperanza de que no lo mandara a freír espárragos. Un día, a la salida de la universidad, mi paciente se le acercó y le dijo atropelladamente: "Hola, me gustas, pero no te he invitado a salir por el tamaño de mi cabeza... Porque creo que te daría vergüenza estar conmigo... por la cabeza... digo... no sé..." y se quedó mirándola como hipnotizado. De más está decir que no siguió ninguna de las pautas ensayadas y que no fue la mejor manera de invitarla a salir, pero por esas cosas del destino la mujer soltó la carcajada: "¡Qué me dices! ¡No entiendo nada...!", y continuó riendo. Él respiró profundamente y siguió siendo sincero y valiente. Le dijo a quemarropa: "Me he dado cuenta de que me miras la cabeza todo el tiempo". Y ella le respondió con picardía: "Lo que miro es tu pelo color café que me parece hermoso...". Y esa retroalimentación, esa simple respuesta pudo más que mil horas de consulta. Siguieron las salidas a tomar café, las idas al cine y su primera experiencia sexual. Volvió al cabo de los años, muy seguro de sí: su motivo de consulta era que quería cambiar de trabajo. Cuando me saludó, me recordó su nombre, sin apodos.

El arte de sentirse fracasado sin serlo

En psicología se explica que los humanos establecemos todo el tiempo atribuciones sobre las posibles causas de lo que nos ocurre. Por ejemplo, si te sientes mal por cometer un error puedes escapar del desasosiego haciendo atribuciones *externas* (la causa del error no dependió de mí), *inestables* (es probable que no vuelva a ocurrir) y *específicas* (no ocurrirá en una situación distinta) sobre el fracaso.

Veamos dos formas de encarar un mismo problema. La primera te libera y la segunda te hunde y te acerca a la sensación de fracaso:

Supongamos que te va mal en un examen y aplicas este tipo de atribuciones: piensas que el profesor exigió demasiado (*causa externa*), que la insuficiencia académica es un hecho aislado y no tiene por qué volver a ocurrir (*causa inestable*) y que esta falla no afectará otras materias (*causa específica*). Una persona que piensa así, si es realista, honesta y asume su responsabilidad *real* no se sentirá mal ante el fracaso ni se autocastigará. Se tratará con cuidado y respeto. No pensará que es un desastre ni atribuirá todo el fracaso a su persona como consecuencia de una generalización irracional. Se dará otra oportunidad.

Supongamos ahora el caso opuesto, que ante un mal resultado en un examen la persona pensara que la causa es *interna* ("El error dependió totalmente de mí", "Soy el responsable único de lo ocurrido"), *estable* ("Siempre me ocurrirá lo mismo") y *global* ("Seguiré fallando en los exámenes de distintas materias"). Con este razonamiento la conclusión y rotulación final es apenas obvia: "Soy un fracaso, no soy capaz, soy una persona poco inteligente y no tengo forma de evitarlo". Atrapado en la más profunda decepción de uno mismo.

Es este segundo caso el que te llevará indefectiblemente a la depresión si lo aplicas con frecuencia, ya que asumes toda la responsabilidad del hecho sin atenuantes e injustamente, y lo atribuyes de manera categórica a *tu escasa capacidad intelectual*. Inescapable. Además, como si no fuera suficiente, haces un pronóstico catastrófico que implica que seguirás fracasando en cualquier situación académica ¿Cómo podrías sentirte bien pensando de esta manera?

Aunque te parezca extraño, muchas familias y centros educativos estimulan este tipo de reflexiones con la idea de que si te exiges exageradamente y ves un futuro gris te pondrás las pilas para evitarlo y aprenderás a ser mejor a base de sufrimiento y una autoexigencia despiadada. Los psicólogos cognitivos decimos que esta manera de interpretar los hechos negativos (atribuciones *internas*, *estables* y *globales* para el fracaso), llevada al extremo, te arrastrará a sentirte miserable y profundamente imperfecto, sin serlo.

El mejor antídoto contra el autocastigo: la autoaceptación por encima de todo

Te propongo un trípode de autoaceptación, tres aspectos o premisas sobre las cuales sería conveniente reflexionar y conjugarlas para ser una persona menos vulnerable al autocastigo y más propensa al bienestar: (*a*) *autoaceptación radical* (orientada a la valía personal y a tu propio ser), (*b*) *la ciudadela interior* (el autogobierno psicológico), y (*c*) *el cuidado psicológico/emocional de uno mismo* (desarrollar autocompasión y amabilidad afectiva dirigida al propio "yo"). Veamos cada una en detalle.

Autoaceptación radical

Cuando una persona dice: "No me acepto como soy, no valgo nada", ya se está instalando en una patología depresiva. "Aceptación radical" significa aceptar sin excusas y de manera total tu ser, así tengas defectos y cosas negativas por cambiar, implica reconocer que posees un valor intrínseco por el sólo hecho de estar vivo o viva. Puedes avanzar, superar tus vicios, fortalecer tus virtudes y seguir siendo maravillosamente imperfecto: tu valía personal, triunfes o fracases, nunca estará en juego. Por eso no tienes precio y no estás en venta como un artículo de consumo (o no deberías): eres un fin en ti mismo. ¿Y si el defecto es inmodificable? Pues sólo queda aceptarlo en su real dimensión y mantenerlo bajo control si resultara dañino para uno o para otros. Lo importante es que no te descalifiques a ti mismo ni te condenes por poseerlo.

Decía un maestro espiritual:
–La persona que ha alcanzado la iluminación es la que ve que todo en el mundo es perfecto tal como es.
–¿Y qué me dices del jardinero? —le preguntó alguien—. ¿También es perfecto?
El jardinero del monasterio era un jorobado. Y el maestro respondió:
–Para lo que se supone que ha de ser en la vida, el jardinero es un jorobado perfecto. [3]

Algunos defienden una aceptación "condicional", cuyo principio afirma: "Debes ganarte el amor a ti mismo haciendo cosas extraordinarias" o "Tu autoestima depende de tus logros o éxitos". Esto es tan absurdo como decir, por ejemplo, que solamente querré y aceptaré a mis hijos si son buenos estudiantes o se portan bien. ¿Quién se vería identificado con semejante afirmación? A nuestros hijos los queremos hagan lo que hagan, aunque en ocasiones no estemos de acuerdo con su conducta.

Aceptarte de manera incondicional es aceptarte existencialmente, *independientemente de tus acciones y de lo que la gente piense de ti*. Lo importante es que te ames y no te odies por lo que haces o dejas de hacer. Si ves cosas en ti que no te gustan, pues trabaja para cambiarlas, pero sin degradarte, como si un amigo ayudara a otro que está en dificultades. Aceptarte radicalmente, entonces, no es hacer una apología del ego, sino tratarte a ti mismo con respeto y consideración, tanto en las "buenas" como en las "malas".

Pedro se reunió con su amiga Gloria en un bar. Deprimido, descargó en ella sus angustias... que el trabajo, que el dinero, que la relación con su pareja, que su vocación... en fin, parecía que todo en su vida andaba mal. En un momento dado, Gloria abrió su billetera y sacó un billete de 100 dólares.

–¿Quieres este billete?

–Claro, son 100 dólares, ¿quién no los querría? —le contestó Pedro, un poco confundido.

Gloria tomó el billete y lo arrugó hasta hacerlo una pequeña bola. Se la mostró y volvió a preguntarle:

–Y ahora, ¿lo quieres también?

–No sé qué pretendes con esto, pero siguen siendo 100 dólares. Si me lo das, lo tomaré sin duda —respondió sorprendido Pedro.

Entonces Gloria desdobló el billete arrugado, lo tiró al suelo y lo restregó con el pie, después lo levantó.

–¿Lo sigues queriendo?

–No entiendo a dónde quieres llegar, pero es un billete de 100 dólares y mientras no lo rompas, conserva su valor.

Gloria permaneció unos segundos en silencio y agregó:

–Mira, Pedro, debes saber que aunque a veces algo no salga como quieres, aunque la vida te arrugue o te pisotee, sigues siendo tan valioso como siempre lo has sido. Lo que debes preguntarte es cuánto vales en realidad y no lo golpeado que puedas estar en un momento determinado.

Pedro se quedó mirando a Gloria sin saber qué comentar, mientras lo que ella le había dicho penetraba fuertemente en su alma y su cerebro. Gloria puso el arrugado billete a su lado en la mesa y con una sonrisa cómplice agregó:

–Toma, guárdalo, para que te acuerdes de esto cuando te sientas mal... pero me debes un billete nuevo de 100 dólares para poder usarlo con el próximo amigo que lo necesite —le dio un beso en la mejilla y se alejó hacia la puerta. Pedro volvió a mirar el billete, sonrió, lo guardó y con una renovada energía llamó al camarero para pagar la cuenta. [4]

La "ciudadela interior"

Dejar de ser víctima es una decisión. Hay una parte de ti que es capaz de negarse al sufrimiento, no aceptarlo y "borrarlo enseguida", como decía Marco Aurelio. No asentir sumisa y resignadamente al impacto de los hechos es ubicarte en lo que algunos estoicos llamaban la *ciudadela interior*: aquel lugar donde la información que llega de fuera no se impone a la fuerza en tu interior, porque en ese lugar tú posees el poder de aceptar u objetar el impacto que los hechos ejercen sobre ti. Por ejemplo, si alguien te insulta (hecho objetivo) podría producirse en ti una representación mental muy negativa: "Es horrible que me desprecien", pero en ese espacio personal e inviolable de libertad, que es absolutamente tuyo, tú podrías no aceptar esa representación, por considerarla dañina para tu autoestima, y mantener un diálogo interno menos obsecuente, como: "El insulto me parece horrible porque me lo tomo en serio, porque de alguna manera me importa lo que piense esa persona de mí; sin embargo, me desprendo de ese lazo, me desapego del *qué dirán*. He *decidido* que no me afecte. Mi paz interior es más importante". Nadie te puede obligar a aceptar en tu pensamiento lo que no quieres aceptar:

éste es tu don, tu facultad, tu ciudadela interior. El último pensamiento es tuyo.

Las cosas no tienen por qué tocar tu alma ni tu mente si no quieres, sin tu consentimiento: depende de ti. Una posibilidad es dejarlo correr y decir: "Mi yo se transforma ahora en un banco de niebla, todo lo que pudiera lastimarme pasa de largo". O, como ya mencioné, oponerte racionalmente al invasor: "Mi vida y mi felicidad no depende de que unos cuantos personajes me aprueben". Es decir, tu "discurso interno" se enfrenta, contradice, "borra" y hace a un lado el impacto del ataque. Tú eres quien decide en última instancia si te dejas afectar o no y eso sí que es una buena nueva.

Lo que realmente importa es que tu fuero interior no te puede ser arrebatado. Tus gustos, tus sueños, tu vocación más arraigada, nadie podrá apropiarse de ellos. En lo más profundo de tu ser eres intocable. Analiza el siguiente relato de Eduardo Galeano y medita sobre ello.

> Se dice que era un mago del arpa. En la llanura de Colombia no había ninguna fiesta sin él. Para que la fiesta fuese fiesta, Mesé Figueredo tenía que estar allí con sus dedos bailadores que alegraban los aires y alborotaban las piernas.
>
> Una noche, en un sendero perdido, fue asaltado por unos ladrones. Iba Mesé Figueredo de camino a unas bodas, él encima de una mula, encima de la otra su arpa, cuando unos ladrones se le echaron encima y lo molieron a palos.
>
> A la mañana siguiente, alguien lo encontró. Estaba tendido en el camino, un trapo sucio de barro y sangre, más muerto que vivo. Y entonces aquella piltrafa dijo con un hilo de voz:
>
> —Se llevaron las mulas —y dijo también—: se llevaron el arpa —y, tomando aliento, rio—: ¡pero no se han podido llevar la música! [5]

Hay un espacio de reserva personal, absolutamente tuyo, en el cual te recreas, inventas y juegas. Y esto, estimado lector, te hace tan fuerte como un roble, tan imponente como un monte. Es tu fortín, el lugar donde tu humanidad se confirma. Montaigne decía: "Lo más grande de este mundo es saber estar con uno". Cara a cara contigo mismo, sin cosmética, a corazón abierto. ¿Te animas?

El cuidado de sí: el amor propio en acción

¿Realmente te cuidas a ti mismo? No me refiero al cuidado físico (lo cual también es imprescindible), sino al cuidado emocional y psicológico. ¿Te acercas a ti mismo con desatino, dureza y crueldad o por el contrario te relacionas con tu propia persona como un amigo o una amiga, con compasión (lo tomo en un sentido budista y no como "lástima")? Que tu dolor no sólo te duela y lo comprendas, sino que hagas algo por remediarlo, una especie de mezcla entre eficiencia y amor, sobre todo esto último.

Cuando te sorprendas tratándote mal, activa la consideración, las buenas maneras, la cortesía, la amabilidad, y ofrécete disculpas. Sí, disculpas, como si no fueras tú mismo. El cuerpo escucha, la mente asimila. Cuando hablas contigo mismo trata de que las conversaciones sean conscientes; invítate a salir, ve a un restaurante y háblate descarnadamente de "yo a yo", prestando plena atención a lo que te dices y respondes. Revisa lo malo y mejora lo bueno, pero no desde el castigo. Tu ser, tu "yo", es el instrumento con el que debes enfrentar la vida y adaptarte, en un sentido evolucionista y no sumiso: si lo dañas, te quedarás a la deriva y sin herramientas.

¿Debemos eliminar la autocrítica? ¡Por supuesto que no! Ésa es tu brújula interior, el punto de referencia personal del cambio y el mejoramiento personal. ¿Cómo avanzar psicológica y emocionalmente si no ves tus fallas y las señalas? Lo que sería deseable es que aplicaras una autocrítica razonable, compasiva y empática, y no una cascada de agravios e insultos a tu persona. Si la autocrítica no se acompaña de una salida constructiva es castigo puro y duro. La mejor opción es como sigue: verte identificado con tu sufrimiento y comprenderlo, para luego eliminarlo.

PREMISA LIBERADORA II

NO TE COMPARES CON NADIE: LA PRINCIPAL REFERENCIA ERES TÚ MISMO

*Ningún gran hombre ha alcanzado su grandeza
por medio de la imitación.*
Ben Jonson

NO TE COMPARES CON NADIE.
LA PRINCIPAL REFERENCIA
ERES TÚ MISMO.

Mirar más hacia dentro que hacia fuera

Estamos programados, entrenados y educados para compararnos: quién es más inteligente, más alto, menos lindo que uno, y así. Nos "medimos" y tanteamos con los demás, para luego contrastar los datos y ver qué tal nos va. Pero lo que verdaderamente nos importa es compararnos psicológicamente para establecer quién es "mejor", quién es "más". Somos víctimas de una educación orientada a la "grandeza", que nos espolea para que busquemos a alguien superior para identificarnos con él. El *mandato irracional perfeccionista* nos dice:

> Compárate con los "fuera de serie", ellos marcarán tu camino

Esta consigna divide, genera conflicto, frustración, envidia, ira o falsa consolación (si logras estar por encima). Compararse es competir, es poner la valía personal en los resultados y no en la satisfacción de ser como uno es. La necesidad de una "elevación neurótica" y querer alcanzar o estar por encima de tus contendientes hará que entregues tu personalidad al mejor o peor postor. No recordarás cómo eras ni lo que querías.

¿Cómo manejas todo esto? ¿Vives comparándote con las personas cercanas o quizás con aquellos personajes que muestran prestigio, poder o posición? ¿Tratas de parecerte a ellos o ellas? Si es así, has tomado el rumbo equivocado, porque imitar a los "fuera de serie" o a los del *top* te hará menos auténtico. Si tu realización personal es parecerte al grupo de los elegidos perderás el rumbo interior, ya que pondrás tu esencia, tu verdadero ser fuera de ti.

Nos señalan modelos que se acercan, supuestamente, a la perfección y a la excelsitud, incrustados en una sociedad de consumo: quiero tener el cuerpo de fulanita o la nariz de fulanito, quiero ser como aquel millonario, como ese político o aquella cantante. Nuestra mente está condicionada a buscar desesperadamente prototipos a los cuales parecernos y fijar metas de "crecimiento" prestadas. Esta manera de pensar: "Copia la conducta de los mejores", genera dos consecuencias catastróficas para tu salud mental: (*a*) el desengaño de no poder llegar al supuesto Nirvana de los íconos de la fama, y (*b*) el descuido de quien eres en realidad, porque si tu atención anda por las nubes, perderás autobservación y autoconocimiento. Y desengañado y sin conocimiento de ti mismo, la cosa se pone difícil. Insisto: no te reconocerás, así te mires al espejo.

Un pequeño león que había sido criado con corderos creía que era igual a ellos. Un día se miró en el agua fresca y reluciente de un río y pudo ver su rostro. Como no sabía que se trataba de él, se retiró asustado. Luego prudentemente se fue acercando y ahí estaba nuevamente ese personaje mirándolo desde el agua. "¡Qué bello animal!", se dijo a sí mismo. Desde ese momento, todos los días iba a mirar a ese hermoso y desconocido ser y cada vez quedaba más fascinado con su aspecto. Al poco tiempo odió ser un cordero, le parecían feos y endebles. Cuanto más pasaba el tiempo, más rabia le daba no ser como aquel animal del lago. Envidió tanto el porte de su propio reflejo, sin saberlo, que se echó a morir del desconsuelo. "Mi desgracia", repetía sin parar, "fue nacer cordero". [6]

La comparación que inspira *vs.* la comparación que plagia

Aceptemos que ciertas comparaciones pueden ser herramientas motivadoras, pero deben ser *inspiradoras* y no simplemente fuentes de *imitación*. Aunque reproducir la conducta de un modelo adulto es uno de los principales métodos de aprendizaje en la niñez, la *imitación obsesiva* en los que ya no son niños tiende a corromper el verdadero "yo". En estos casos, la conducta no se produce desde dentro, ni se desprende de los propios talentos o de las convicciones más profundas, es una mera copia y un comportamiento sin sustento.

Cuando hablo de la "buena comparación", no me refiero a "copiar", sino a que adaptes las conductas y pensamientos del modelo a tu realidad única e intransferible. No se trata de plagiar, sino de transitar por la senda que te suscitan, según tu modo y parecer. Que el referente inspirador sea un horizonte que entusiasma y no un proceso que te convierta en un clon o un triste *identikit*. Clonarse es reconocer que uno ya no tiene identidad propia, que se ha vendido a alguien "especial". Debes elegir entre ser una reproducción o ser un original, entre ser alumno de un maestro, lo cual es bueno, o ser su fan.

Ante una disyuntiva, podrías preguntarte: "¿Frente a este problema, qué harían en mi lugar Buda, Sócrates o Krishnamurti?", suponiendo que esos fueran tus guías existenciales más importantes. Entonces, a continuación, podrías crear un espacio de reflexión y tratar de imaginártelos afrontando el asunto en cuestión, de acuerdo con el conocimiento que tienes de ellos. El ejercicio te servirá para aprender más de tus referentes, pero mucho más de ti. Se trata de que transformes sus preceptos y acciones a tu modo personal.

Apóyate en las musas que admiras y a partir de ahí, reinvéntate sin ser la sombra de nadie.

Isaac Newton, en una carta dirigida a Robert Hooke, afirmaba lo siguiente: "Si he visto más lejos es porque estoy sentado sobre los hombros de gigantes". Y esos gigantes habían sido, entre otros, Galileo Galilei, Johannes Kepler y Nicolás Copérnico. No reprodujo ni calcó lo que hicieron esos colosos de la ciencia, a quienes sin duda admiraba, sino que *se fundamentó en sus descubrimientos para hacer los suyos*.

Esculpir tu propia estatua

Nuestra sociedad es una máquina de crear gente insegura, porque el "yo verdadero" casi siempre tiene que competir con un "yo prestado". Cuando era pequeño y estudiaba en un colegio de curas franciscanos quería ser como san Francisco de Asís, hablarle a los animales y regocijarme con los lirios del campo. Después, en la secundaria, mi esquema de referencia era John Lennon, me veía profundamente identificado con el *peace and love* y quería cantar como él. En la universidad, mi modelo era el Che Guevara, me dejé la barba y pretendí cambiar el mundo "a la cubana". Finalmente quise ser como Gandhi (pacifista) y Krishnamurti (trascendido), hasta que comprendí que en cada caso yo estaba plagiando equivocadamente un modelo de conducta. Estaba usurpando los derechos de autor psicológicos y vivenciales, por decirlo de alguna manera, de personas que habían sido originales, novedosas y revolucionarias en su manera de ser. Sólo cuando entendí eso con los huesos me libré de la imitación compulsiva. Descubrí que esos personajes me infundían energía, me empujaban a preguntarme cosas, pero nada más. Vestirme como un Beatle y caminar como cualquiera de ellos me alejaba de mí mismo.

Vi con claridad que no tenía la valentía de Gandhi, que jamás empuñaría las armas como el Che y que no tenía una mente fuera de serie como la de Krishnamurti. Debía esculpir otra estatua, la mía.

El crecimiento personal puede verse como una estética de la existencia: recrearte a ti mismo como una obra única, en la que eres arte y parte. En mi libro *El camino de los sabios* cito a Plotino, un filósofo romano del siglo III d. C., quien aconsejaba un método para hallar la belleza o la virtud interior:

> Regresa a ti mismo y mira: si aún no te ves bello, haz como el escultor de una estatua que debe llegar a ser hermosa: quita, raspa, pule y limpia, hasta que hagas aparecer un bello rostro en la estatua. También retira todo lo superfluo, endereza todo lo que sea tortuoso, limpia todo lo que esté oscuro, abrillántala y no ceses de esculpir tu propia estatua hasta que aparezca en ti el divino esplendor de la virtud. Hasta que veas la sabiduría en pie sobre su sagrado pedestal ¿Has llegado a esto? ¿Has visto esto? (Riso, 2012a, pp. 52-53).

Quizá no estemos acostumbrados a mirar las cosas de este modo. La idea que tenemos es que el aprendizaje implica "agregar" algún tipo de conocimiento, más que eliminar o depurar el que ya poseemos y no sirve. La pregunta clave es: ¿qué le sobra a mi mente y qué debería echar a la papelera de reciclaje? Cuando *eliminamos* un miedo, *prescindimos* de un mal hábito, *extirpamos* una adicción, sin darnos cuenta, en términos de Plotino, estamos esculpiéndonos a nosotros mismos. Desaprender para aprender.

Conocí en una reunión, donde se festejaba la Navidad, a una jovencita que se me acercó y después de saludarme, me dijo: "¿Le recuerdo a alguien?". Pensé que era algún familiar perdido o algún paciente olvidado. Le respondí que no, que en realidad lo sentía mucho pero no lograba recordar quién era. Ella me dijo: "No, no... No me refiero a quién soy yo, sino a quién me parezco". La observé por un rato con mucha atención y mi respuesta fue negativa. Ella se puso de perfil y añadió: "Mire bien, vea la nariz y sobre todo la boca". Seguí afirmándome en mi ignorancia, hasta que soltó una risotada y me expresó feliz de la vida: "¡Soy igual a Paris Hilton!". Y debo reconocer que sí tenía un aire. Finalmente se reunió con un grupo de amigas, a las cuales me quedé mirando, tratando de establecer algún parecido de alguna de ellas con otra estrella o personaje mediático, pero no encontré ninguno. Más tarde supe que el apodo que tenía la jovencita era, precisamente, *Paris*, y que hacía todo lo posible para mimetizarse con su ídolo. Era un claro caso de esculpirse buscando un ser distinto a uno mismo.

Duplicar a otra persona es perderse en un espacio psicológico que no nos pertenece, tratando de hallar alguna similitud que calme la ansiedad de no ser tan "imperfectos". No es lo mismo ser un muy buen pintor que falsifique La Gioconda *a ser Leonardo da Vinci, al menos en lo que a originalidad se trata. Si vas a esculpir tu estatua, hazlo a partir de tu propio mármol.*

Apropiarse de uno mismo

Quizá si supiéramos a ciencia cierta qué y quiénes somos e hiciéramos *contacto con nuestro verdadero ser* estaríamos satisfechos con nosotros mismos. No te niegues a esa posibilidad: ensaya y experimenta, explora en ti mismo y no mires a los corderos, como lo hacía el pequeño león del relato anterior. Cuando pregunto a mis pacientes: "¿Usted quién es?, dígame cuál es su esencia", suelen darme su nombre, apellido y profesión. Y yo les respondo: "Si les quito el pasaporte y el diploma, ¿qué son, quiénes son, entonces?". Pocas personas saben la respuesta. No obstante, al cabo de un tiempo de terapia, algunos descubren que ya eran lo que soñaban ser, pero no lo sabían porque miraban para el lado equivocado. Otros, extrañados, manifiestan que incluso son "mejores" de lo que pensaban. Y los demás definen metas razonables. El descubrimiento de uno empieza poniéndose a prueba y ejecutando una serie de conductas nuevas, que nunca imaginamos llevar a cabo. Hay que equivocarse muchas veces hasta vislumbrar una luz al final del túnel. En esto debes hacer un giro copernicano y empezar a mirar hacia dentro, hacia tus potencialidades, acercarte a tus talentos naturales y no a los ajenos. Es un hecho: *la comparación excesiva y ambiciosa te aleja de tu ser auténtico.*

Había un jardín esplendoroso con árboles de todo tipo: manzanos, perales, naranjos y grandes rosales. Todo era alegría en él y todos estaban muy satisfechos y felices, excepto un árbol que se sentía profundamente triste. Tenía un problema: no daba frutos.

–No sé quién soy... —se lamentaba.

–Te falta concentración... —le decía el manzano—, si realmente lo intentas podrás dar unas manzanas buenísimas... ¿Ves qué fácil es? Mira mis ramas...

–No lo escuches —le pedía el rosal—. Es más fácil dar rosas. ¡¡Mira qué bonitas son!!

Desesperado, el árbol intentaba todo lo que le sugerían. Pero como no conseguía ser como los demás, cada vez se sentía más frustrado. Un día llegó hasta el jardín un búho. Al ver la desesperación del árbol exclamó:

–No te preocupes. Tu problema no es tan grave... Tu problema es el mismo que el de muchísimos seres sobre la Tierra. No dediques tu vida a ser como los demás quieren que seas. Sé tú mismo. Conócete a ti mismo tal como eres. Para conseguir esto, escucha tu voz interior...

"¿Mi voz interior?... ¿Ser yo mismo?... ¿Conocerme?...", se preguntaba el árbol angustiado y desesperado. Después de un tiempo de desconcierto y confusión se puso a meditar sobre estos conceptos. Finalmente un día llegó a comprender. Cerró los ojos y los oídos, abrió el corazón y pudo escuchar su voz interior susurrándole: "Tú nunca en la vida darás manzanas, porque no eres un manzano. Tampoco florecerás cada primavera porque no eres un rosal. Tú eres un roble. Tu destino es crecer grande y majestuoso, dar nido a las aves, sombra a los viajeros y belleza al paisaje. Éste es quien eres. ¡Sé quien eres!, ¡sé quien eres!". Poco a poco el árbol se fue sintiendo cada vez más fuerte y seguro de sí mismo. Se dispuso a ser lo que en el fondo era. Pronto ocupó su espacio y fue admirado y respetado por todos. Sólo entonces el jardín fue completamente feliz. Cada cual celebrándose a sí mismo. [8]

Raspa tu mente, tu historia, escucha tu voz interior. Pregúntate qué cosas de las que haces te apasionan de verdad ¿Qué te nace? ¿Cuáles son los atributos o cualidades que posees y casi siempre te han acompañado? Cuando toques la tecla apropiada, te asombrarás, porque todo fluirá sin tanto esfuerzo: no habrá inseguridad, sino evidencia. Te celebrarás a ti mismo y sentirás un profundo deseo de agradecer lo que eres. Descubrirás que no hay nada mejor ni nada más intenso que ser fiel a uno mismo.

Cuando se nos plantea un modelo de perfección a seguir, hay una autoridad implícita que se impone: el "más", el "especial", el "que sí sabe". Los patrones cercanos a esa supuesta "ejemplaridad" generan poder y autoridad por los cuatro costados. Los gurús inducen instintivamente a la genuflexión, al respeto reverencial, casi sagrado, que en muchas ocasiones castra el derecho a la discrepancia y a ejercer como librepensador. Personalmente me opongo a esta relación dominancia/sumisión, así sea sutil. Prefiero la cortesía a la postración. No niego la importancia de contar con buenos líderes, lo que señalo como peligroso es la imposición de algunos modelos "ideales" y la sanción social que llega de manera inclemente, si te resistes a ellos.

> Cuando algunos de sus discípulos se deshicieron en elogios acerca de un famoso dirigente religioso, el maestro budista no se inmutó. Cuando más tarde le preguntaron su opinión sobre dicho individuo, dijo:
> –Este hombre ejerce su poder sobre otros... No es un dirigente religioso.
> –¿Cuál es, entonces, la función de un dirigente religioso? —le preguntaron sus discípulos.
> –Inspirar, no legislar. Despertar, no forzar. [8]

Algunos antídotos para evitar la comparación injusta e innecesaria

Existen al menos cuatro factores que te harán menos vulnerable a los efectos devastadores de la comparación excesiva o injusta. Cuatro esquemas o maneras de ser que disminuyen la tendencia a "copiar a los mejores": (*a*) la seguridad en uno mismo, (*b*) reconocer el valor personal, (*c*) ser auténtico, y (*d*) defender la propia naturaleza.

La seguridad en uno mismo

La cultura de la perfección sostiene que eres valioso si eres el mejor en algo, así sea clavar clavos o rascarte la barriga. El problema surge cuando comienzas a darte cuenta de que te alejas de ese estándar ideal y tu "yo verdadero" no concuerda con tu "yo soñado". Cuanto mayor sea la distancia entre lo que percibes que eres y lo que te gustaría o ansías ser, más serán tus sentimientos de inseguridad. Con un agravante: esta discrepancia no te servirá de motivación, por el contrario, te hundirá cada vez más en una percepción insufrible de incapacidad. Tu mantra será: "No soy capaz".

Me pregunto qué pasaría si cambiáramos de objetivo e intentáramos ser felices, escandalosamente felices, lejos de los grandes modelos y de los individuos considerados "superiores". ¿Y si hiciéramos añicos los ideales prestados? No hablo de ser mediocre, sino de avanzar con un crecimiento razonable y propio: "Voy para adelante con lo que en realidad tengo y soy, con mi lado bueno y el malo. No niego ni oculto mis 'imperfecciones', porque sería negarme a mí mismo". Dejemos de mirar a los destacados, hagamos un *time out* a los mediáticos y festejemos lo que somos, no importa el puesto que ocupemos en la lista de los más vendidos o condecorados. Insisto: la seguridad personal se logra cuando tu "yo idealizado" coincide con tu "yo real". Ése es el secreto: estar sincronizado, interiormente, en lo básico.

Reconocer el valor personal

¿Cuánto vales? ¿Tienes precio? ¿Te venderías al mejor postor? Una persona segura de sí misma no sólo se acepta como es, también tiene claro que su valía individual está más allá de cualquier precio. No se considera mercancía y se niega a ser cosificado. Así que siéntete orgulloso u orgullosa de lo que eres, sin miedo, sin excusas, sin disculpas. Que tus "imperfecciones" no mermen tu valor intrínseco. Ubícate más allá de las apariencias y del temor que a veces te invade por no ser como te indican los preceptos sociales.

> El dueño de una tienda estaba colocando un anuncio en la puerta que decía: "Cachorritos en venta". Esa clase de anuncios siempre atraen a los niños, así que pronto apareció un pequeño en la tienda.

–¿Cuál es el precio de los perritos?

–Entre 30 y 50 euros.

El niño metió la mano en su bolsillo y sacó unas monedas.

–Sólo tengo 2.37 euros... ¿puedo verlos?

El hombre sonrió y silbó. De la trastienda salió su perra corriendo seguida por cinco perritos. Uno de los perritos se estaba quedando considerablemente atrás. El niño inmediatamente señaló al perrito rezagado que rengueaba.

–¿Qué le pasa a ese perrito?

El hombre le contestó que cuando el perrito nació el veterinario le dijo que tenía la cadera defectuosa y que renguearía por el resto de su vida. El pequeño se emocionó mucho y exclamó:

–¡Ése es el perrito que yo quiero comprar!

–No, no comprarás ese cachorro, si realmente lo quieres, te lo regalo.

Disgustado y mirando directo a los ojos del hombre el niño contestó:

–No quiero que usted me lo regale. Él vale tanto como los otros perritos y le pagaré el precio completo. De hecho, le voy a dar mis 2.37 euros ahora y 50 centavos cada mes, hasta que lo haya pagado completo.

–No deberías comprar ese perrito, hijo. Nunca será capaz de correr, saltar y jugar como los otros perritos.

El niño se agachó y levantó una parte de su pantalón para mostrar su pierna izquierda, cruelmente retorcida e inutilizada, soportada por un gran aparato de metal. Miró de nuevo al hombre y le dijo:

–Bueno, yo no puedo correr muy bien tampoco... y el perrito necesitará a alguien que lo comprenda. [9]

Pues si no tienes precio de venta, que al menos sepas cuán valioso eres, que reconozcas tu mérito y la asumas con orgullo. Reconocer el valor personal es conocer las propias fortalezas y los talentos que posees y ponerlos a trabajar sin comparaciones absurdas y sin esperar el visto bueno de nadie. Cuando quieres a una persona de verdad no la comparas con alguien para saber si la amas. Estoy seguro de que no le dirías a tu pareja: "Te quiero porque eres mejor que fulanita o fulanito". Y tampoco le pedirías pasar ninguna prueba para que se gane tu amor y que te "merezca", sería horrible. Pues de igual manera, no tienes que ser mejor que nadie para aceptarte y quererte a ti mismo, ni pasar pruebas heroicas. Como leí alguna vez: "No amas a alguien porque es valioso, lo ves valioso porque lo amas". Cambia en la frase anterior la palabra "alguien" por "ti mismo" y tendrás una proposición que exaltará tu amor propio saludablemente.

Ser auténtico

Ser auténtico es pensar y actuar de acuerdo con lo que verdaderamente eres, de manera honesta y sin disfraces. Es mostrarte de forma completa, obrar conforme al propio ser y según lo sientas y pienses. Una persona auténtica es genuina y, por lo tanto, confiable. Es fiel a su propia identidad en cada acto de su vida, sencillamente porque le nace. La persona auténtica no responde a modas o patrones externos establecidos, sino a la concordancia interior.

Cuando eres auténtico las cosas fluyen sin tanto esfuerzo porque no hay nada que ocultar. Al no ser una copia, lo original se manifiesta libremente. Una vez más: no tienes que ser un premio Nobel o que te colmen de reconocimientos, basta que seas tú mismo con el mayor ímpetu posible. Recuerda que al ser como eres, sin pretextos y de frente, además de tus atributos positivos saldrán a flote también tus defectos naturales, pequeños o grandes, que alimentarán la crítica de los chismosos. Ser auténtico es ser bellamente imperfecto e íntegro hasta la médula, digan lo que digan.

La gente que se traiciona a sí misma queriendo adoptar una personalidad o una condición que no le corresponde tarde o temprano mostrará problemas de identidad. Cuenta Augusto Monterroso en una de sus maravillosas fábulas que a un perro se le había metido en la cabeza convertirse en un ser humano y trabajaba con ahínco para serlo. El autor termina diciendo:

> Al cabo de varios años, y después de persistentes esfuerzos sobre sí mismo, caminaba con facilidad en dos patas y a veces sentía que ya estaba a punto de ser un hombre, excepto por el hecho de que mordía, movía la cola cuando encontraba a algún conocido, daba tres vueltas antes de acostarse, salivaba cuando oía las campanas de la iglesia, y por las noches se subía a una baranda a gemir viendo largamente la luna. [10]

La moraleja es que si persigues ciegamente sueños que no sean realistas, éstos se transformarán en pesadilla. ¿Qué le diríamos al perro de Monterroso?: "Trata de ser un buen perro y confórmate, nunca serás un ser humano por más que lo intentes".

Defender la propia naturaleza

Cada quien tiene una naturaleza que comparte con su especie, pero también tiene una que le es propia y se personaliza en su verdadero ser. Cuando la descubras querrás mantenerte allí, porque ese estado será de tranquilidad y equilibrio interior. No se negocia la identidad, se cuida y se potencia.

Había una vez un maestro oriental que, al ver cómo un alacrán se estaba ahogando, decidió sacarlo del agua. Pero cuando lo hizo, el alacrán lo picó. Ante el dolor lo soltó, por lo que el animal comenzó a ahogarse de nuevo. Intentó entonces sacarlo y otra vez le volvió a picar. Alguien que lo observaba le dijo:

–¿Por qué es tan terco? ¿No comprende que cada vez que usted lo saque del agua lo va a picar?

–La naturaleza del alacrán, que es picar, no va a cambiar mi naturaleza, que es ayudar —respondió el maestro oriental. Dicho esto sacó al animalito del agua con la ayuda de una hoja. [11]

Posees una esencia que te define, unas características que te son propias. Esos atributos y ese carácter son tu identidad. Es verdad que no es inmutable y que puedes moldearte a ti mismo, pero existe un núcleo duro que te define en tanto humano o mejor, dos núcleos, que estarán acompañándote siempre: tu *capacidad de amar* y tu *capacidad de pensar sobre lo que piensas*. Tu humanidad radica en ellas. Tómalas como un regalo y hazlas tuyas: desarróllalas, explótalas, estrújalas hasta sacarles el mayor aprendizaje posible, y sobre todo, disfruta la dicha de tenerlas. Ésa es tu naturaleza, defiéndela.

PREMISA LIBERADORA III

LAS PERSONAS NORMALES DUDAN Y SE CONTRADICEN: LAS "CREENCIAS INAMOVIBLES" SON UN INVENTO DE LAS MENTES RÍGIDAS

La duda es uno de los nombres de la inteligencia.
JORGE LUIS BORGES

Sin duda razonable no hay crecimiento personal

A quienes piensan que sus creencias y la realidad que los rodea están determinadas, definidas y perfectamente acopladas entre sí, les pasan dos cosas: mueren de tedio y se inmovilizan. ¿Para qué vivir, si todo está escrito; para qué existir, si la verdad viene establecida de antemano y es inamovible? ¿Cómo descubrir, explorar y sorprenderse, si está prohibido dudar? Cuando era pequeño mis profesores me decían: "Las dudas las siembra el diablo". El mejor ejemplo de esto es cuando a mis nueve años pregunté a un profesor de religión cómo era posible que una persona fuera embarazada por una paloma. No me echaron del colegio y tampoco me hicieron un exorcismo, pero creo que no les faltaron ganas. Me había atrevido a dudar y a preguntar lo que no debía.

Titubear sin angustia, tantear, cuestionar o sospechar no son defectos, forman parte de una mente escudriñadora y naturalmente incrédula e inconformista. Es cierto que si dudas todo el tiempo y de cada cosa que vas a hacer, probablemente sufras de un trastorno obsesivo o de una inseguridad crónica y deberías pedir ayuda profesional; sin embargo, una duda inteligente y sagaz dará a tu mente un vuelo especial. El mandato social negativo, que pretende que uno sea psicológicamente perfecto, nos inculca, de manera directa o indirecta, la negativa a dudar. El *mandato irracional perfeccionista*, que se promulga y se instala en nuestras neuronas, es como sigue:

> La gente segura de sí misma siempre sabe lo que quiere y jamás duda

¡Qué consigna tan errónea! ¿Habrá algo más irracional que buscar la certeza absoluta? Si no dudaras nunca, estarías muy cerca del *fundamentalismo* ("La base de mis creencias es cierta por definición"), del *dogmatismo* ("Mi verdad es la única") y del *oscurantismo* ("El nuevo conocimiento es peligroso"). Vivirías en la zona más tenebrosa de la Edad Media mental.

Recuerdo la película *The Truman Show*. El personaje había nacido, sin él saberlo, en un set televisivo y de su vida se había hecho un *reality* permanente en vivo y en directo. Su vida diaria era casi repetitiva, sin sorpresas y totalmente predecible. En el pueblo donde residía había un puente que cruzaba un río y comunicaba con el resto del mundo, pero debido a que padecía una fobia al agua, creada a propósito por la directiva del programa para que no pudiera escapar, cada vez que intentaba atravesarlo en su automóvil, el miedo lo detenía. Todo estaba programado y millones de espectadores lo seguían momento a momento por la televisión. Pero un día le pasó algo extraordinario: dudó. Y la duda le permitió descubrir que pasaban las mismas personas a la misma hora y que la rutina de un día era el calco perfecto de otro, como si una mano invisible organizara la existencia. Dudó de todo, de la realidad en la que estaba, del cielo, del viento, del mar y hasta de su esposa (que era otra actriz). Finalmente, decidió escapar en un velero, lo cual implicó tener que enfrentar peligros artificialmente creados por el director para retenerlo. Pero Truman estaba decidido a ir hasta el final y una tarde, literalmente, chocó con el horizonte. El horizonte no era más que un telón. Allí encuentra una escalera y una puerta y antes de salir al mundo real hace una reverencia para anunciar que la función ha terminado.

Lo más seguro es que no haya un complot a tu alrededor ni seas el centro de un oculto *reality show*, pero ¿no has tenido alguna vez la secreta convicción de que lo que te rodea, tu entorno, tu vida, podría cambiar radicalmente si *realmente* quisieras, como si un pequeño pez saltara de la pecera al mar? Truman dudó, rompió el cerco de aparente seguridad, enfrentó su fobia y descubrió la verdad. Sólo la duda te puede empujar a cosas similares, así el mandato social te diga: "Nunca dudes" o "Los que dudan fracasan y son perdedores".

Parecería que la sociedad quiere gente "perfectamente" amoldada a lo establecido, que nada los ponga a tambalear y que sus creencias sean inalterables. Queremos "adictos a la tradición", amamos la rigidez y nos asusta la innovación e incluso a veces la catalogamos de incoherente. Una mente monolítica que ha excluido el menor indicio de titubeo nos pone en alerta roja. El psicólogo Edward de Bono decía: "No hay nada más peligroso que una idea, cuando es la única que se tiene".

El siguiente cuento sufí muestra lo que quiero decir y hasta dónde puede llegar una mente rígida que teme a la duda y admira a los "expertos" como criterio de verdad:

> Un hombre a quien se consideraba muerto fue llevado por sus amigos para ser enterrado. Cuando el féretro estaba por meterse en la tierra, el hombre revivió inesperadamente y comenzó a golpear la tapa del féretro. Abrieron el cajón y el hombre se incorporó:
>
> –¿Qué estáis haciendo? —preguntó a los sorprendidos asistentes—. Estoy vivo. No me he muerto —sus palabras fueron acogidas con asombrado silencio. Al fin, uno de los deudos acertó a hablar:

—Amigo, tanto los médicos como los sacerdotes han certificado que habías muerto. Y ¿cómo van a haberse equivocado los expertos? Así pues, volvieron a atornillar la tapa del féretro y lo enterraron debidamente. [12]

La duda retardataria y la duda motivadora

Hay una *duda retardataria* que te inmoviliza, te impide tomar decisiones y te genera miedo a equivocarte. La gente que tiene problemas con la toma de decisiones y busca una "certeza" absoluta antes de actuar suele quedarse sin saber qué hacer, paralizada por el temor y la inseguridad. Recordemos que la palabra "certeza" significa probabilidad cero de error, lo cual es imposible de alcanzar, a no ser que te encierres en un cuarto oscuro y no te muevas ni pienses. Las personas que sufren de un trastorno obsesivo compulsivo suelen demorarse demasiado en tomar una decisión porque precisamente buscan la certidumbre y la evidencia precisa que les indique que no cometerán ningún error. Por donde se mire: la duda retardataria o regresiva anula e idiotiza. Veamos un ejemplo:

> A una y otra orilla de un caudaloso río había dos monasterios. Un perro dócil y entrañable para los monjes comía en uno y en otro monasterio. Cuando sonaba la campana avisando para la comida de los monjes, el perro, según estuviera en una u otra orilla del río, iba a uno u otro lugar, donde le daban las sobras. Pero en una ocasión estaba bañándose en el río cuando oyó la campana del monasterio de la orilla derecha. Empezó a nadar hacia dicha orilla para ir a comer y entonces empezó a tañer la campana del monasterio de la orilla izquierda, lo que le hizo cambiar de rumbo e ir hacia el otro lado del río; pero ambas campanas seguían sonando. El perro empezó a reflexionar

sobre qué clase de comida le apetecía más y no se decidía por una u otra. Iba hacia un lado del río y luego hacia el otro, hasta que finalmente le faltaron las fuerzas, se hundió en las aguas y pereció. [13]

Por el contrario, existe una *duda motivadora o progresista* que es inspiradora, estimulante y muy poderosa. Te empuja a explorar el mundo y la realidad, tú incluido. Insisto: dudar de uno en todo y la mayor parte del tiempo es típico de las personas que no confían en sí mismas, pero tener dudas puntuales, bien gestionadas, que te inducen a investigar y conocer es positivo, es crecimiento.

Los individuos que afirman nunca dudar de sí mismos, además de mentirosos, son sospechosos del peor de los narcisismos. Una mente flexible es capaz de preguntarse a sí misma: "¿Y si estoy equivocado?", "¿Y si mis fundamentos no son los correctos?" o "¿Y si mi verdad no es la verdad?". Es capaz de interrogarse de esta manera sin entrar en crisis porque no le teme al cambio. ¿Cómo saber que te equivocas si nunca sospechas de ti mismo? Una paciente me decía: "¡Pero la duda confunde!". Y sí, incluso la duda motivadora confunde, te hace ir para adelante y para atrás, te pone a oscilar, pero a la vez funciona como un motor interno que te espolea y te lleva a actuar. La premisa es como sigue: sin la más mínima confusión, sin la menor de las contradicciones, estaríamos todavía en la Edad de Piedra. El gran poeta Walt Whitman decía: "¿Me contradigo? Muy bien, me contradigo. Soy amplio. Contengo multitudes".

Si haces uso de la duda motivadora serás un explorador del universo. Para algunos todo está consignado en un libro o dos. Para los que han decidido escribir su destino, no queda otra opción que revolcarse en la vida y escrular cada centímetro de la existencia y, desde luego, asombrarse.

Tres postulados contra la duda razonable que debes evitar

Las máximas que te propongo cuestionar funcionan como una carga que te impedirá moverte con soltura. Éstas son: "No cambies de opinión", "Debes tomar partido siempre" y "Nunca digas 'no sé'". Las tres afirmaciones son variaciones sobre el mismo tema y apuntan a una cuestión básica altamente irracional: intentar eliminar la duda de manera definitiva. Veamos cada una de ellas en detalle.

"No cambies de opinión"

Este mandato antiduda vulnera el *derecho a revisar las propias creencias y opiniones*. Cuando la evidencia empírica o la lógica me indican que estoy equivocado, pues lo más honesto y racional es cambiar de opinión. Un hombre alcohólico no aceptaba que su mujer se quisiera separar porque, en sus palabras, "Ella lo había conocido así". En una ocasión en que él esgrimió una vez más este argumento, luego de pensar unos segundos, ella le dijo con voz calmada: "Pues ya no pienso igual: cambié de opinión". Él me miró como pidiendo ayuda, pero yo sólo le devolví la mirada: estaba dicho. No defiendo que cambies de parecer cada cinco minutos y seas tan sugestionable como para que te laven el cerebro, me refiero a la "renovación" que la mente debe hacer para actualizar su visión del mundo y adaptarla a los cambios naturales de la vida. Cuando Galileo Galilei invitaba a los sacerdotes a que miraran por el telescopio que la Tierra no era el centro del universo, ellos se negaban a observar y hacían como el avestruz. A este mecanismo en psicología se le conoce como *disonancia cognitiva*, y sostiene que cuando la verdad choca con algún esquema personal importante, podemos utilizar la negación, entre otros mecanismos, para mantener una falsa consistencia interior que nos disminuya el estrés o la incomodidad de reconocer que estamos equivocados.

La coherencia no es testarudez, es una virtud, por tal razón, sin flexibilidad, se convierte en fundamentalismo crónico. No puede defenderse la coherencia *per se*, sin tener en cuenta para donde apunte: los nazis eran coherentes, muchos psicópatas o asesinos en serie pueden ser coherentes, un dictador puede ser políticamente coherente, y a estos tres casos, sólo por dar tres ejemplos, lo que los define es la actitud depredadora o genocida. En fin: hay coherencias buenas, constructivas, positivas, y las hay malas, destructivas y negativas.

La gente que te rodea, aunque no te des cuenta, está pendiente de lo que piensas y sientes, y si cambias de opinión es probable que te recuerden la fecha y las palabras exactas que dijiste en otras ocasiones y de qué manera aquello contradice lo que hoy estás afirmando. No importa que luego de revisar un tema o por alguna experiencia vital hayas modificado tu parecer *racionalmente*, la exigencia implícita que suele hacerse desde la rigidez es que deberías seguir pensando como antes.

Un experimento virtual. Supongamos que no crees en Dios, pero un día se abre el techo de tu casa y dos bellos ángeles alados te llevan a dar una vuelta sobre la ciudad y luego te depositan amablemente otra vez donde estabas. ¿Esa experiencia no te llevaría al menos a dudar en algo de tu ateísmo? Entonces podrías pensar: "Son extraterrestres", y en ese preciso instante, se abre nuevamente el techo y aparecen los dos ángeles y te murmuran al oído: "No, no somos extraterrestres, somos ángeles y Dios en persona nos mandó a darte un saludo". ¿Cambiarías de opinión? ¿No estarías, al menos, dispuesto a revisar tus creencias? Las experiencias límite sacuden nuestros paradigmas, los ponen patas para arriba y aunque hacemos todo lo posible para mantener a raya los cambios en nuestro sistema de procesamiento de la información, si el impacto es muy fuerte, ocurre una reestructuración cognitiva y las ideas se revuelcan.

Algunas preguntas para que analices:

- ¿Hay que ser coherente siempre, a toda hora, bajo cualquier circunstancia?
- ¿Y si la realidad y los hechos me muestran que equivoqué el camino?
- ¿No sería coherente para una mente flexible revisar seriamente la propia "necesidad de coherencia"?

Una posible respuesta:

> El maestro espiritual del templo había sido activista político en su juventud. En una ocasión organizó una manifestación contra el gobierno a la que, dejando hogares y trabajos, se unieron miles de personas. Sin embargo, apenas iniciada la manifestación, el maestro decidió cancelarla. Sus seguidores le dijeron entonces:
>
> –¡No puedes hacer esto! ¡Preparar esta manifestación ha llevado meses y ha exigido un precio muy alto a muchas personas, que ahora te van a acusar de incoherente!
>
> El maestro, impertérrito, se limitó a decir:
>
> –Mi compromiso no es con la coherencia, sino con la verdad. [14]

Escúlcate, pon a prueba tus creencias, confróntalas, restriega cada lugar de tu mente, como un gato curioso. No te conformes con una verdad transmitida por los siglos. Si en ese examen a fondo los esquemas que ya tienes se confirman, los abrazarás con la tranquilidad de no ser un dogmático sordo, ciego y mudo. Y si no se confirman, procederás a una transformación radical. Imperfecto, pero seguro de acercarte a la verdad, así nunca la alcances.

"Debes tomar partido siempre"

En primer lugar, "no tomar partido" no necesariamente implica "lavarse las manos" o mirar para otro lado y hacerse el desentendido. Mucha gente no toma partido porque luego de analizar todas las opciones disponibles las considera irrelevantes o contrarias a sus intereses. Simplemente puedes mantener un compromiso saludable y serio contigo mismo y no estar con ninguna de las opciones que se te presenten. No hablo de escapismo, sino de una convicción individual que no encuentra referente externo: "Nada me agrada, nada me convence, nada llena mis expectativas, por lo tanto no tomaré partido". Por ejemplo, para eso está el voto en blanco, que no es lo mismo que no votar, y aunque se parezcan en la manera de actuar, sus implicaciones políticas son distintas.

En más de una ocasión me han pedido que me definiera sobre alguna cosa frente a la cual no tenía posición formada: "¿Quién te gusta más?" o "¿A quién prefieres?", y he contestado: "Ninguno". Y me preguntan de nuevo: "¿Quién te disgusta menos, entonces?", y yo vuelvo a contestar: "Ninguno". Y comienza la presión por tener que dar un nombre o mostrar algún tipo de aproximación. El mandato social establece, sin excepción: "Debes elegir", en lo que sea y como sea. No obstante, yo defiendo que a veces lo que hay que hacer es dar un paso atrás y no comprometerse con nada si no estás convencido, así la mayoría te señale y te tache de cobarde.

¿Individualismo? Sí, pero responsable. ¿Anarquismo? No, para nada. Sólo un "yo" que ejerce, desde su ciudadela interior, el *derecho a no tomar partido*. ¿Nunca has sentido ganas de gritar a los cuatro vientos: "¡Esta lucha no es mía!"? Pues no asumas batallas o guerras ajenas. ¿Indiferencia? Sí, es posible, sólo hacia las cosas que no te convencen: "indiferencia sana y honesta", y esto no implica moverse en el limbo de los que no saben nunca qué quieren ni para dónde van. Sólo demuestra que estás buscando, estás revisando, estás construyéndote a ti mismo de manera responsable.

Tú lo sabes. Cuando te tocan la vena de tus convicciones más profundas, cuando tus principios se ven atacados o tus valores mancillados, serás un león defendiendo lo que consideras afín a ti. Mientras tanto, que las tímidas ovejas sean tus referentes, no porque van al matadero, sino porque pastan en paz. Tú eliges tus luchas, así una de ellas sea no pelear. No te dejes influir por los que te presionan para que te decidas.

"Nunca digas 'no sé'"

No defiendo la ignorancia crasa y atrevida, sino el hecho realista, humilde e inteligente de que nadie se las sabe todas. Y aunque esto parezca tan evidente, mucha gente se avergüenza de decir "no sé", ya que corre el riesgo de ser evaluada por los otros como "inculta", "poco informada" o "no leída". El miedo a decir "no sé" o "no sabía" es inculcado por los amantes de la erudición, que confunden información con conocimientos. La sabiduría es saber vivir y no repetir de memoria cifras y estadísticas como sostienen algunos. Recuerdo una tira cómica de Quino donde en el primer cuadro aparece un personaje que recuerda a Sócrates, con una túnica, pensando sesudamente y diciendo: "Sólo sé que no sé nada", y en el recuadro siguiente vuelve a aparecer el mismo personaje, ya sin tanto garbo y estilo, rascándose la cabeza y murmurando: "... y a veces no estoy seguro". ¡El colmo de la inseguridad, la indecisión y la duda retardataria! No es esto lo que propongo. Hay que ejercer *el derecho a la "ignorancia lúcida"* ("Sé que esto no lo sé") y no sentirse una escoria intelectual por no saber algo en especial.

No vales por lo que tienes, ni vales por lo que sabes. ¿Un premio Nobel te produce reverencia? Vas mal. ¿Te produce admiración? Vas bien. Es difícil idolatrar sin arrastrarse. ¿No sabes sobre muchas cosas? ¿Y? ¿Acaso te acuerdas de la fórmula del volumen de la esfera, de las derivadas y las integrales, el nombre de las capitales de todos los países? No sé en tu vida, pero en la mía, en mi búsqueda por el significado y el bienestar nunca ha importado demasiado la ecuación de la tangente hiperbólica, ni la ley de Coulomb en física.

Los expertos son necesarios y buenos en una acotada área del desempeño, pero si quieren dar lecciones de vida deben salirse del saber ultraespecífico, pisar la calle, sentir y respirar la existencia en una dimensión más real y cotidiana.

> Un científico se quejó con un maestro espiritual debido al desprecio que éste manifestaba por los conceptos teóricos, en comparación con el "conocimiento no conceptual", es decir, de primera mano. El académico consideraba que era una injusticia con la ciencia. El maestro espiritual trató de varias maneras y sin mucho éxito de hacerle ver que no tenía nada contra la ciencia, y en un momento dado, le dijo:
>
> –¡Ojalá que el conocimiento que tienes de tu mujer sea algo más que un conocimiento científico!
>
> Más tarde, cuando hablaba con sus discípulos se mostró aún más enérgico, y dijo:
>
> –Los conceptos definen, pero definir es destruir. Los conceptos diseccionan la realidad, y lo que diseccionas lo matas.
>
> –Entonces, ¿son inútiles los conceptos? —preguntó un discípulo.
>
> –Son útiles en cierto ámbito. Pero disecciona una rosa y tendrás una valiosa información, y ningún conocimiento, sobre la rosa. Hazte un experto, y tendrás mucha información circunscrita, y ningún conocimiento, sobre la realidad. [15]

Nadie niega la importancia de la ciencia. Gracias a ella inventamos medicamentos, viajamos a la Luna, nos montamos en un automóvil y miles de cosas más, pero cuando estoy con la persona que amo voy más allá de los mecanismos que explican su funcionamiento fisiológico: percibo sus latidos, siento su piel, me acurruco, comparto silencios, leo su mirada, intuyo sus tristezas, y esto es "conocer de primera mano" y, claro está, subjetivamente. ¿Qué problema hay? Todos tenemos experiencias de vida, conocimientos y vivencias esenciales que nos mueven el alma y salpican la razón, ¿por qué vamos a ser menos que los "versados"? ¿Por qué hay que sobrevalorar un tipo de acceso a la realidad y devaluar otro?

Recuerdo una vez que fuimos un grupo de amigos, uno de ellos profesor de astrofísica, a unas lejanas y solitarias playas en la costa colombiana. Todo era bello, exuberante y natural. Al otro día nos sorprendió el amanecer con un sol que ocupaba medio horizonte rojizo y que inundaba el mar salvaje. A todos se nos aguaron los ojos ante esa visión de lo inconmensurable, mientras mi amigo el astrofísico intentaba explicarnos cuántas bombas atómicas representaban un estallido solar.

Declárate desde hoy, de ser posible públicamente y con toda la pompa, participante activo de la *lúcida ignorancia* ("sé que no sé") y que te importe un pepino si alguien te cuelga la etiqueta de tonto o iletrado. Quítatela tú mismo, busca a otros ignorantes lúcidos e intenta crear tu "propia ilustración". En fin, acércate más a la sabiduría que a la erudición (aunque no tienes por qué renunciar a la ciencia, si te agrada); pero recuerda, la sabiduría está en ti; la erudición, en las universidades y en los libros técnicos.

Un aspecto más, si aún te queda fuerza: desapégate de la "autoridad intelectual", del currículo, del pasado "erudito o docto" de quien habla, porque lo importante es el mensaje en sí, el contenido y no el sujeto que se expresa. Si hiciéramos a un lado los pergaminos de quien expone sus ideas y nos concentráramos en el discurso solamente y no en quién es el hablante, te sorprenderías de las verdades que dicen muchos que ni siquiera han leído un libro en su vida. La consigna es sencilla: *fíjate en lo que se dice y no en quien lo dice.*

El "no sé" te libera, te quita de encima la responsabilidad del ilustrado, dejas de competir y alimentas la humildad. Si esto es ser imperfecto, te felicito. Una ignorancia lúcida es la que te permite aprender de otros sin arrogancia, reconocer tus límites sin complejos y sin sentirte incompleto por ello.

PREMISA LIBERADORA IV
DESINHIBIRSE ES SALUDABLE: NO HAGAS DE LA REPRESIÓN EMOCIONAL UNA FORMA DE VIDA

Algunas personas sienten la lluvia. Otras simplemente se mojan.
BOB MARLEY

Cuando la "virtud" del autocontrol asfixia

Cuando al poeta español de la posguerra Gabriel Celaya le pidieron que resumiera su vida, escribió el poema siguiente titulado *Biografía*:

> No cojas la cuchara con la mano izquierda.
> No pongas los codos en la mesa.
> Dobla bien la servilleta.
> Eso, para empezar.
>
> Extraiga la raíz cuadrada de tres mil trescientos trece.
> ¿Dónde está Tanganika? ¿En qué año nació Cervantes?
> Le pondré un cero en conducta si habla con su compañero.
> Eso, para seguir.
>
> ¿Le parece a usted correcto que un ingeniero haga versos?
> La cultura es un adorno y el negocio es el negocio.
> Si sigues con esa chica, te cerraremos las puertas.
> Eso, para vivir.

No seas tan loco. Sé educado. Sé correcto.
No bebas. No fumes. No tosas. No respires.
¡Ay sí, no respirar! Dar el no a todos los nos.
Y descansar: Morir.

La filosofía antiemoción sigue vigente en infinidad de lugares y subculturas y se manifiesta con el siguiente *mandato irracional perfeccionista*:

> Mantén tus emociones bajo control: excederte o expresarlas libremente es de mal gusto y mostraría que eres débil de carácter

En la sociedad aparentemente libre en que nos movemos todavía existe un número considerable de prescripciones sobre la manera en que expresamos nuestras emociones, así sean inofensivas. Convivimos con ellas y las aceptamos por pura costumbre, si bien algunos afortunados despiertan, como el personaje de la película *Matrix* y se sublevan. Aunque es verdad que ciertas restricciones son necesarias para mantener una convivencia pacífica y respetuosa, ya que algunas emociones son potencialmente peligrosas (ira, envidia, venganza), la educación afectiva ha exagerado sin duda la importancia de controlar y restringir lo que sentimos.

Algunos sostienen que en la posmodernidad la emoción ha tomado ventaja y se ha alejado de la razón. Sin embargo, si observamos más de cerca y raspamos esa realidad aparente veremos que tal cambio de paradigma no es tan contundente como lo pintan. Los consultorios psicológicos están llenos de gente que "constriñe sus emociones", que no las comprende o no las procesa, porque piensa que no es adecuado dejar salir esa parte "primitiva" y casi "vulgar" que nos acompaña, así se enferme luego. Tantas reglas para "sentir apropiadamente" terminan por ejercer un fuerte control sobre lo que ocurre en nuestro interior.

Recuerdo que acompañé a un amigo en el velorio de su mujer, que había fallecido debido a un cáncer fulminante. El hombre estaba de pie junto al féretro como un *marine* de las fuerzas armadas de Estados Unidos: impasible, como una piedra. No tuvo una expresión de dolor, ni una lágrima. Los asistentes, por su parte, alababan y admiraban esa "fortaleza". Me pregunté mientras lo observaba: "¿Por qué no llora? ¿No le nacía? ¿Acaso no la amaba?". Y no, simplemente en su vida había primado el valor de la "contención", el prototipo del hombre de acero. Y mientras todos elogiaban su entereza, yo sentía pesar por mi amigo, porque sabía que el estoicismo que se estaba imponiendo a sí mismo le impediría elaborar a la larga un duelo saludable.

En otro caso, un hombre, cada vez que veía reír a su mujer en la consulta, le decía: "Bueno, bueno, moderación…", porque la esposa soltaba una risotada sin control de altos decibeles que lo irritaba. A mí me encantaba oírla reír, ya que me contagiaba su alegría; sin embargo, a él le producía una especie de "vergüenza ajena". Ocurría algo similar con el sexo. La mujer emitía sonidos de todo tipo durante el coito, pero él prefería una excitación sin tanto escándalo, más silenciosa y recatada (a lo sumo: murmullos y susurros), que no iba con la manera de ser de la mujer. Nunca logré que el hombre se soltara y sacara a relucir su lado menos "civilizado" para armar un dúo alocado con su media naranja. La idea, y quizás le debamos esto a Aristóteles, es que detrás de la "moderación emocional", necesariamente, existe una persona virtuosa, y no siempre es así, en ocasiones encontramos individuos encapsulados, tristemente inhibidos e incapaces de leer las emociones propias y ajenas. Volviendo al caso, había días en que ella se disfrazaba para hacer el amor e incluso le compraba ropa interior atrevida al marido, quien consideraba ambas cosas como un exabrupto "superfluo" y "salido de tono". Aceptemos que sobre gustos no hay nada escrito, pero algo le faltaba a mi paciente, quizás la capacidad de sorprender y sorprenderse o de romper uno que otro esquema rígido y puritano. ¿Era eso una virtud? Obviamente no. Más bien se trataba de una "fobia a la emoción" o un simple miedo a excederse en la expresión de emociones.

No estoy diciendo que debas andar por la vida como un loco expresándolo todo y diciendo cualquier cosa que sientas, sino que debes tener cuidado, ya que de tanto mantener bajo censura tus sentimientos y hacer de la "prudencia emocional" una especie de religión, perderás contacto con una parte importante de ti mismo. Serás muy sensato, juicioso, maduro, reflexivo, sesudo, ponderado, frugal, contenido y, además, terriblemente aburrido y amargado. Como dije, es indudable que existen emociones negativas y peligrosas que hay que aprender a gestionar, pero hay otras que deben asimilarse sin tanto recato. ¿Enseñamos ambas a nuestros niños: lo bueno para disfrutar y lo malo para eliminar? ¿O metemos todo en un mismo saco? ¿Fomentamos la "inteligencia emocional" o el "retardo emocional"? Sentir poco o mantenerse alejado de los sentimientos porque se privilegia excesivamente la razón es caer en el adormecimiento fisiológico, perder vivacidad y la intensidad natural de los sentidos que nos definen. Las emociones saludables te mantienen vivo y activo e intentar eliminarlas por decreto o por algún anhelo desmesurado de alcanzar un "perfecto dominio de uno mismo" haría de ti lo más parecido a un zombi, claro está, sumamente pulido y distinguido.

El siguiente relato nos muestra, con bastante humor, lo que implica vivir "dormido" o anestesiado, es decir: si la rutina se vuelve costumbre, ya no percibimos ni "sentimos" las cosas como son en verdad. La percepción falla.

Cuando le preguntaron por ella, el maestro dijo:

–La iluminación es un despertar. Ahora mismo estáis dormidos.

Y contó el caso de aquella mujer recién casada que se quejaba de que su marido bebía en exceso. Un día le preguntaron: "¿Y si sabías que bebía por qué te casaste con él?". La mujer contestó: "¡Yo no tenía idea de que bebía, hasta que un día llegó sobrio!". [16]

Dos máximas para que la moderación de las emociones no se convierta en restricción patológica

En realidad, demasiada "pulcritud sensitiva" me confronta. El cuidado insistente en no excederse afectivamente me recuerda que *hay cosas que sólo valen la pena en su extremo* y se apagan o se pierden en la discreción. No me imagino cómo sería tener un orgasmo que "transite por el camino del medio", que no se rebase a sí mismo y que sea lo más ponderado posible. Y existe una infinidad de situaciones más donde la expresión emocional crecida está más que justificada. Por ejemplo, si ganas un premio importante; si la persona que amas te confirma que te ama y creías que no; ver un amanecer junto a tus amigos "empapados en alcohol"; leer la poesía que más te llega hasta la saciedad unas trescientas veces; ver la escena preferida de tu película preferida y a la hora preferida; cuando una cucaracha gigantesca se te sube por la pierna; abrazar hasta reventar al mejor amigo o a la mejor amiga; cuando te has machacado el dedo meñique con una puerta; la tristeza profunda de un niño; en fin, aceptemos que si toda manifestación emocional debe ser "prudente" y "en su punto" para que seamos "modelos de cordura", explotaríamos por dentro.

Pero si temes pasarte de la raya, aplica las siguientes dos máximas y adhiérete a los límites que marcan, por si la culpa y la preocupación no te dejan "descontrolarte" (en el buen sentido). Ponlas en un lugar visible y échale un vistazo de tanto en tanto:

1. *Puedes hacer lo que quieras, si no es dañino para ti ni para nadie.*
2. *Haz lo que quieras, si no violas la Carta Universal de los Derechos Humanos.*

Que te sirvan como guía de "corrección". Ahora bien, si cumples estas reglas y pese a ello no eres capaz de expresar emociones o temes excederte, pide ayuda profesional.

Fuegos y fueguitos

La pasión y la emoción son contagiosas, se pegan, se expanden como la pólvora. Si uno grita, gritamos; si uno llora, muchos lloran; si uno salta de alegría al encontrar a su hijo perdido, todos saltamos y aplaudimos. El dolor y la alegría se pegan a uno por carácter transitivo.

Lee este cuento de Eduardo Galeano para que te "contagies" del fuego que te llega de los demás:

Un hombre del pueblo de Nabugá, en la costa de Colombia, pudo subir al alto cielo. A la vuelta dijo que había contemplado, desde allá arriba, la vida humana. Y dijo que somos un mar de fueguitos. –El mundo es eso —reveló—: un montón de gente, un mar de fueguitos. Cada persona brilla con luz propia entre todas las demás. No hay dos fuegos iguales. Hay fuegos grandes y fuegos chicos y fuegos de todos los colores. Hay gente de fuego sereno, que ni se entera del viento, y gente de fuego loco, que llena el aire de chispas. Algunos fuegos, fuegos bobos, no alumbran ni queman; pero otros arden la vida con tantas ganas que no se puede mirarles sin parpadear, y quien se acerca, se enciende. [17]

No te apagues como una vela. Rebélate contra los caballeros y las mujeres de la armadura oxidada. Si te aíslas en tu propia cárcel de prejuicios y normas irracionales vivirás abatido todo el tiempo que dure el encierro. Deja que el fuego de la emoción positiva te ilumine, que tu mayor defecto sea sentir la vida y palpitar con ella hasta las últimas consecuencias.

La "constipación emocional" o *alexitimia*

¿Hace cuánto no le dices "te quiero", efusiva y estruendosamente, a la gente que amas de verdad? Le pregunté esto a una chica joven de Barcelona, muy inhibida y "templada" en su manera de ser, y me respondió: "Ellos ya lo saben, para qué decírselo". Mi respuesta fue categórica: "¡Pues reafírmaselo!". Se quedó pensando un rato y me dijo: "Van a pensar que estoy loca". No pude disimular mi asombro. Si su entorno social iba a considerar que estaba "loca" por decir a un amigo, a las hermanas, a la abuela, al papá y a la mamá "Te quiero mucho", su ambiente inmediato sufría de graves restricciones emocionales. La consigna es como sigue: o haces tu revolución afectiva o revientas. Cuando una persona ha reducido ostensiblemente su capacidad de sentir y expresar emociones por miedo al "qué dirán", a sufrir o a excederse (reprimiéndolas, negándolas, ignorándolas o tratando de enfriarlas), decimos que tal persona, posiblemente, sufre de alexitimia.

La alexitimia es un trastorno psicológico o neurológico que implica, entre otras cosas, *analfabetismo emocional*, es decir, la incapacidad de leer, procesar y manifestar las emociones. En culturas poco expresivas los síntomas pueden pasar desapercibidos, sin embargo, un examen psicológico detallado puede detectar la enfermedad.

No sé qué idea tienes de las emociones, pero considera lo siguiente: te brindan la oportunidad de comportarte de manera diferente ante distintas situaciones y funcionan como un impulso que te guían hacia tus metas. También te dan información para facilitar la toma de conciencia de lo que tu cuerpo está experimentando. Cada emoción trae consigo un mensaje específico y si aprendes a descifrarlo, aumentará tu capacidad de adaptación. Anularlas, coartarlas o disimularlas indiscriminadamente, como indica el mandato perfeccionista, hará que tu sistema biológico y psicológico se desorganice. Las emociones no procesadas correctamente quedan almacenadas en una memoria afectiva y van minando el sistema inmunológico, generan insomnio, contracturas musculares y desorden conductual, entre otras muchas alteraciones. Rechazarlas o excluirlas no te hace mejor, sino incompleto.

La escritora y terapeuta espiritual Debbie Shapiro afirmaba: "Toda emoción reprimida, negada o ignorada queda encerrada en el cuerpo". Sin pasión, sólo queda la tarea administrativa, el aspecto formal y aparente. La premisa es clara: si no sientes lo que haces, mejor no lo hagas. Y si en verdad lo sientes, hazlo hasta agotar reservas: juégate.

El visitante al monasterio, un escritor, religioso, había acudido al maestro budista en busca de unas palabras de sabiduría. Y el maestro le dijo:

–Unos escriben para ganarse la vida; otros para comunicar sus ideas o suscitar cuestiones que inquieten a sus lectores; e incluso algunos lo hacen para comprender su propia alma. Pues bien, ninguno de ellos pasará a la posteridad. Ese honor está reservado para quienes sólo escriben porque, de no hacerlo, reventarían —y tras una breve pausa, añadió—: Estos últimos son los que dan expresión a lo divino, independientemente de cuál sea el tema sobre el que escriben. [18]

Jugar y seguir jugando, así tengas cien años

¿Hace cuánto que no juegas? Me dirás que ya pasó la época, pero ¿quién te ha dicho que jugar es sólo para los niños? Si haces una rayuela en el piso, tiras una moneda y comienzas a saltar en plena calle, te colgarán el cartel de "inmaduro". Ten la seguridad de que no serás un modelo ejemplar. ¿La razón? "Los adultos no hacen esas cosas." En el juego hay fantasía, parodia, representación cognitiva, teatralidad, imaginación y asunción de roles, es todo un ejercicio para una mente encapsulada. ¿Has visto la cara de felicidad cuando algunas personas mayores practican algún deporte en la playa o cuando construyen un castillo de arena con baldes y palas de plástico? He visto a más de un presidente de empresa y a no pocos decanos de universidad en plena regresión, felices y despreocupados, mientras se revuelcan en el mar y saltan con las olas.

Tu parte racional te dirá: ¿qué sentido tiene esto de volver a la infancia? La mejor respuesta es: "Divertirse, dejar caer la máscara de adulto con ceño fruncido". Desajustarse un poco a veces es maravilloso. Se trata de jugar por jugar, reír por reír, procesos en estado puro. Transportarte a un lugar inexistente y creerte el cuento como cuando miras una película, sólo que aquí tú eres el actor principal. Tengo una amiga a quien no le gusta el cine porque dice que cuando está viendo una película piensa de inmediato en toda la gente que debe haber detrás de cámara filmando y como eso demuestra que no es real sino inventado, le parece una farsa. Igual le ocurre con el teatro: "Pero no es más que una actuación", me decía decepcionada. El realismo también tiene sus límites, a no ser que seamos fanáticos de los *reality shows*. Nunca pude hacer que comprendiera que ante cualquier espectáculo o actividad que implique ficción (incluso una novela) uno se rinde a la imaginación y se deja atrapar por ella. Esto no cabe en una mente que inhibe las emociones, porque siempre buscará una explicación lógica, un resultado sustentado en la evidencia. Ser juguetón o juguetona implica, entre otras cosas, hacer del humor una forma de vida. En mi libro *El poder del pensamiento flexible* profundizo en el tema del humor; por ahora, me interesa decir que sin risa ni fantasía no hay buena vida.

En el acto primero de la obra *El abanico de Lady Windermere* Oscar Wilde pone a decir a uno de sus personajes: "Es absurdo dividir a la gente en buena y mala, la gente o es encantadora o es aburrida". ¿Quién no ha conocido gente aburrida y molesta hasta con ella misma? Personas que jamás se desapegan, que viven tensas y son incapaces de ir más allá de sus narices. La "personalidad encapsulada" impide saltar afuera de las convenciones y es incapaz de practicar el inconformismo.

PREMISA LIBERADORA V

LA REALIZACIÓN PERSONAL NO ESTÁ EN SER EL "MEJOR", SINO EN DISFRUTAR PLENAMENTE DE LO QUE HACES

En el desprecio de la ambición se encuentra uno de los principios esenciales de la felicidad sobre la tierra.
VOLTAIRE

La cultura del ganador y el rendimiento extremo

Algunos fanáticos del desempeño extremo sostienen que la gente se divide en ganadores y perdedores y que, al final de cuentas, es uno mismo quien elige el bando al cual pertenecer. El mandato sostiene que si quieres ser una persona valiosa, jamás debes "perder". ¿De dónde viene la idea de que no debes fracasar bajo ninguna circunstancia? De hecho, la vida es un aprendizaje por ensayo y error y el fracaso existe de manera latente en cualquier orden de la vida. No sostengo que sea placentero arruinarse o renunciar a la ilusión, pero está en las posibilidades. Lo que definitivamente no puede aceptarse es la "prohibición de la derrota".

¿A quién no le ha ido mal alguna vez? Lo que ocurre es que si te hacen creer que la pérdida en cualquiera de sus manifestaciones te incapacitará para siempre no tendremos escapatoria: *fracaso será igual a maldición*. De esta manera, la demanda codiciosa nos lleva como borregos al siguiente *mandato irracional perfeccionista*:

> Si quieres ser una persona realizada debes ser el mejor, cueste lo que cueste

Más catastrófico para la salud mental, imposible. En términos competitivos, ser el "mejor" también significa ser el sobresaliente, el adelantado, el triunfador o el que ha logrado hacer del prestigio, el poder y la posición una forma de vida, así vaya de la mano del estrés, la ansiedad o la ambición salvaje con nuestros iguales; no importa el costo, ganar es lo que vale. Un diccionario define así "ser el mejor": "Que tiene calidad superior a otra cosa de la misma especie o que sobresale en una cualidad"; es decir, estar por encima de los demás simples mortales en alguna capacidad o cualidad. En verdad, ¿quieres ser superior a los de tu especie? ¿Te atrae la idea de ser casi un semidiós en tiempos modernos? Mucha gente responde que "no" a esta pregunta, pero a otros les brillan los ojos con la sola idea de sentirse más que los demás. Lo que casi ningún ambicioso sabe es que ser el "mejor" no garantiza el bienestar o la felicidad. Todos los datos muestran que ni el dinero ni el estatus producen una excelente calidad de vida. Más aún, hay infinidad de personas que logran alcanzar una existencia plena en la mayor sencillez y sin pretensiones de obtener resultados extraordinarios en ninguna área especial. Lo que los mueve es el disfrute de sacarle el jugo a cada cosa y no la necesidad enfermiza de coronar alguna cúspide.

No olvides las estrellas

El mandato social perfeccionista anterior funciona como una máquina depresiva. En terapia cognitiva, este tipo de alteración se conoce como "depresión autónoma" y se origina cuando intentamos conseguir ciertos objetivos inalcanzables de crecimiento y autorrealización. Esta actitud se ve reforzada por dos esquemas negativos que nos inculcan de pequeños e interactúan entre ellos: "Los buenos no fracasan *nunca*" y "Si te va mal una vez, *volverá a repetirse*".

Más mandatos negativos que absorbemos con resignación, uno fundamentado en el pensamiento extremo o dicotómico ("nunca", "siempre", "todo", "nada") y el otro en el fatalismo más recalcitrante ("volverá a repetirse"). No cabe duda de que esta manera de pensar te lleva al borde del abismo.

Piénsalo detenidamente: ¿no sería interesante intentar un cambio de objetivos y revisar los valores arribistas que te han inculcado? ¿Y si te sueltas? ¿Y si inviertes los principios que te mueven y cambias la desesperación de ser exitoso por la alegría espontánea de un "mejoramiento personal" sin afanes? Es verdad que, en ocasiones, ser "el mejor" no es incompatible con "ser feliz" y ambas dimensiones pueden coexistir, lo que pongo en duda es la idea de que la "excelencia" sea una condición necesaria y suficiente para lograr una vida feliz. ¿Por qué no das la espalda al mandato social, haces a un lado la obsesión de ser "superior" y te declaras en paz contigo mismo? Inténtalo y repite: "La paz sea conmigo". No es tan difícil si tomas conciencia de lo estéril que es poner la felicidad fuera de ti. Un buen día, te miras al espejo y de pronto lo descubres. La realidad te golpea y te dices a ti mismo: "¡Qué manera de perder el tiempo! ¡Por estar pendiente del sol he olvidado las estrellas!". Lo cotidiano, lo simple, lo que tienes a mano, el microcosmos de los amigos, la familia, tu pareja o tus hijos, todas son estrellas que iluminan tu cielo y no las ves, enceguecido por el afán de ganar a cualquier precio. Recuerda que el individuo con "ambición desmedida" es un personaje que lleva a sus espaldas el peso de querer destacarse y trepar a todas horas. Como si fuera una epidemia en ascenso, no sólo vive mal y crea enemigos de todo tipo, sino que, a medida que escala posiciones, intoxica su ambiente inmediato.

Aléjate lo más posible de la personalidad *tipo A*

El estilo de vida que depende psicológicamente del rendimiento extremo nos impide ejercer una serie de derechos fundamentales, así no aparezcan en los tratados sobre virtudes y valores políticamente correctos: *el derecho a cometer errores* (nadie está exento), *el derecho a la lentitud* (actuar según tu ritmo interior), *el derecho a la pereza y el ocio* (descanso inteligente, elegido y no obligado) y *el derecho a perder* (a comprender cuando algo escapa de tu control), entre otros. Actitudes vitales que te liberarán de obligaciones y culpas absurdas. Por desgracia, existe una manera de ser que se especializa en violar los derechos anteriores y que transforma la vida en un campo de batalla: la *personalidad tipo A*. El mundo está lleno de estos individuos (tanto hombres como mujeres, aunque los varones llevan la delantera), porque la sociedad de la "alta competencia profesional" los cosecha por montones.

Las siguientes son algunas de sus características:

- Necesidad de control
- Urgencia de tiempo
- Irritabilidad y agresión
- Hacer muchas cosas al mismo tiempo (multitarea)
- Intolerancia a la incompetencia y a la lentitud
- Propensión a estar haciendo algo productivo siempre y rechazo por el descanso y el ocio
- Trastornos del sueño
- Trastornos sexuales
- Ansiedad y tensión muscular
- Adicción al trabajo
- Tendencia a tener problemas cardiacos y cerebrovasculares

- Poca capacidad para leer las señales que envía su cuerpo cuando está cansado
- La puesta en práctica de dos creencias irracionales: "Para alcanzar el éxito, el fin justifica los medios" y "Ser el mejor en las actividades que se realizan, justifica la vida"

No cabe duda de que estamos ante un desastre adaptativo, tanto para quien padece el patrón de comportamiento como para las víctimas que lo rodean. Y sin embargo, la personalidad tipo A es una forma socialmente aceptada y aclamada que exalta abiertamente la supervivencia del más apto. La cultura del rendimiento extremo entiende por "apto": *la fuerza y poca consideración para los que están en el bando opuesto, para mantenerse a la cabeza de la cadena del poder y obtención de privilegios*. Muy poca diferencia con un simio tratando de sobrevivir en su grupo selvático de referencia. Son machos o hembras alfa dispuestos a todo para escalar posiciones.

¿Quién no conoce a alguien que reúne algunos o todos los rasgos principales de la personalidad tipo A? Un compañero o una compañera de trabajo, algún familiar o personaje que encabeza las carátulas de los periódicos porque sobresale del resto con base en imposiciones tipo A. Te pregunto: ¿para qué quieres salir en la lista de los más "destacados" o los grandes elegidos, si no puedes llevar alegremente tu vida cotidiana?

Por suerte hay una opción menos tenebrosa. Hay gente a la que no le interesa estar en los top 10 sino vivir en paz, con las amigas o amigos hablando sandeces, tener actividades en familia, disfrutar de lo que se hace en el trabajo, estar contento con los *hobbies* que lleva a cabo, encerrarse en un buen libro, dar una caminata con su pareja contando las baldosas, llevar a sus hijos a jugar, ayudar a alguien que lo necesita; en fin, ser *maravillosamente anónimos sin la menor intención de sobresalir*. Estas personas tienen claro que el fin no justifica los medios y que no se debe ser esclavo de un sistema que te estruja para que sobresalgas del resto y acaricies la tan ansiada "perfección psicológica". Protestan cuando hay que hacerlo, pero no se desesperan por ser más y más, ni les quita el sueño obtener poder económico o de cualquier otra índole.

¿Cómo "sentir", si tu objetivo es "producir" cada segundo de tu vida y no "perder el tiempo" en contemplar la existencia? Al final es como si recorriéramos cientos de kilómetros para llegar al sitio del cual partimos, el lugar donde habita lo sencillo.

Un hombre rico veraneaba en un pueblo de pescadores. Cada mañana, solía pasear por la playa y siempre veía a un pescador dormitando en su barca. Un día se le acercó y, tras los saludos de rigor, le dijo:

–Y usted... ¿no sale a pescar?

–Bueno... sí... — repuso el pescador—, salí esta mañana temprano y no me fue mal.

–Y... ¿no va a salir otra vez?

–¿Para qué? Ya pesqué lo suficiente para hoy.

–Pero si usted pescara más, conseguiría más dinero, ¿no?

–¿Y para qué quiero más dinero, señor?

–Bueno, con más dinero podría usted tener un barco más grande.

–¿Un barco más grande?

–Pues claro... Con un barco de mayor tamaño usted conseguiría más pesca, y más pesca significa más dinero.

–¿Y para qué quiero yo tanto dinero?

–Pero... ¿no lo entiende usted? Con más dinero podría comprar varios barcos, y entonces pescaría mucho más, y se podría hacer rico.

–¿Yo? ¿Ser rico?

–Sí, claro... ¿acaso no desea ser rico? Podría usted comprarse una casa bonita, tener un coche, viajar, tener toda clase de comodidades...

–¿Y para qué quiero yo esas comodidades?

—¡Dios mío!... ¿Cómo es posible que no lo entienda?... Si usted tuviera comodidades y riquezas, entonces podría usted retirarse a disfrutar y descansar.

—Pero, caballero... ¿no ve usted que eso es justo lo que estoy haciendo ahora? [19]

La ambición desenfrenada conlleva a la idiotez de mirar el dedo cuando te muestran la luna. Pierdes el norte y te quedas atrapado en una desorientación existencial. Como el caso del pez que pregunta a otro dónde queda el océano y cuando le dicen que ya está en él, que el agua en la que nada *es* el océano, el pez no le cree y sigue adelante buscando desesperadamente el mar.

Cómo eliminar la angustia por ser el mejor y el más exitoso: tres propuestas transformadoras

Las siguientes tres propuestas te permitirán revisar y cuestionar seriamente la necesidad por el éxito y el apego a la ambición desmedida: (*a*) dejarse llevar más por el proceso que por el resultado, (*b*) practicar la "inmersión contemplativa", y (*c*) conectar con tu vocación más profunda (autorrealización). Si logras aplicarlas a tu vida, te importará un rábano la perfección, el éxito, la excelencia, destacar, ser famoso o ser el mejor. No serán tus preocupaciones principales.

Primera propuesta: dejarse llevar más por el *proceso* que por el *resultado*

La poetisa Margaret Lee Runbeck decía: "La felicidad no es una estación a la cual hay que llegar, sino una manera de viajar". Proceso:

transcurrir, ir, andar, desarrollo, transformación, procedimiento o evolución. En términos cognoscitivos el "proceso" son las operaciones que realiza la mente para alcanzar unas conclusiones o productos finales. Es decir, la manera de comportarse para alcanzar sus objetivos. Hay gente que sólo da importancia a la meta (el resultado o el final del viaje) y cuando se acaba la travesía, suele decir: "¡Al fin llegamos!", mientras que los que se concentran en el paisaje y el desplazamiento en sí (proceso) suelen preguntar: "¿Ya llegamos? ¡Se me hizo corto!". La mente no estaba puesta en "la estación a la cual había que llegar", sino en el trayecto.

Tres ejemplos sobre la diferencia entre "proceso" y "resultado" para que reflexiones al respecto

- Supongamos que tienes una fábrica de ropa y produces trajes y chaquetas. Imaginemos que tu control de calidad es muy bueno y posees una tecnología de última generación. Todo nos hace pensar que tu producto final debería ser excelente. Pero supongamos también que tu personal de confección, el que se encarga del armado y la producción de las prendas está triste, descontento y con cierta ira hacia la empresa porque le pagas poco y no lo tomas en cuenta. En estas condiciones: ¿tus trajes ya terminados serán "trajes fuera de serie"? Lo dudo. ¿Las prendas competirían en el mercado con buenos resultados? Lo dudo. A mi entender, el proceso (el amor y las ganas que pongan los obreros en los pasos para fabricar la ropa) se verá reflejado indefectiblemente en la confección final. Es probable que algunos trajes y chaquetas sean "depresivas", "tristes" y que no impacten al consumidor, además de tener un promedio alto de imperfecciones. Esto no es magia, es la consecuencia natural de cómo se siente quien realiza la tarea en cuestión. Un empleado feliz y contento, en y con su trabajo, hará buenas costuras, las revisará, buscará no ser chapucero. El encargado de diseño, si está a gusto en la empresa, hará un mayor despliegue de su creatividad. Todo se relaciona: *no hay buen resultado si hay un mal proceso.*

- Si estás estudiando una carrera universitaria y lo único que te importa es obtener buenas notas para ser el "mejor", la pasarás muy mal. La competencia por el resultado académico empezará a transformarte en un tipo A. ¿No es acaso más importante aprender y sacar gusto al aprendizaje? La evaluación del profesor responde a una mera aproximación, ya que ningún examen tiene el poder de valorar lo que realmente sabes. Una nota es un accidente. Quizás tu ego se regodee con el resultado, pero si buscas con desesperación la "buena nota", te olvidarás del disfrute de saber, del asombro de descubrir, del deseo de avanzar en el conocimiento. Te parecerás a un ratón en un laboratorio persiguiendo el refuerzo a como dé lugar. Para que lo tengas en cuenta: los buenos profesionales no son *necesariamente* los que sobresalen cuantitativamente en las calificaciones, sino principalmente los que han obtenido placer del proceso enseñanza/aprendizaje.

- Cuando haces el amor, ¿que buscas? ¿Te interesan los prolegómenos, el calentamiento, el toque-toque, las caricias anticipadas, los besos que te sumergen en el otro? ¿O lo que buscas principalmente es llegar de una vez el orgasmo? Degustar no es lo mismo que culminar o estallar. El clímax es el resultado final de hacer muchas cosas. Hay orgasmos que son placenteros pero exageradamente fisiológicos en su elaboración, sin fantasía, sin juego, sin insinuación, sin erotismo creativo. Hay otros que te ponen a volar, como una sinfonía que se repite a sí misma hasta extasiar los sentidos. Poner la pincelada humana a la sexualidad es fundamental para los que somos algo más que mascotas en celo. La calidad del sexo depende en gran parte de que nuestro cuerpo se regodee en el "proceso de la fantasía" lo más posible y que el resultado placentero (el estallido del orgasmo) nos recuerde que llegamos a la realidad.

Un resultado a cualquier precio no siempre es un buen resultado

Como ya dije, la ambición desmedida reivindica que "el fin justifica los medios" y obviamente, suele apartarse de la honestidad y el juego limpio. No hay que ganar a cualquier costo, no todo vale. Veamos un relato que nos hará reflexionar al respecto.

Hubo una vez un emperador que convocó a todos los solteros del reino, pues era tiempo de buscar pareja a su hija. Todos los jóvenes asistieron, y el rey les dijo:

—Os voy a dar una semilla diferente a cada uno de vosotros. Al cabo de seis meses deberéis traerme en una maceta la planta que haya crecido, y la más bella ganará la mano de mi hija, y por ende el reino.

Así se hizo. Había un joven que plantó su semilla, y en vano esperó a que la planta brotara. Mientras tanto, todos los demás jóvenes del reino no paraban de hablar y mostrar las hermosas plantas y flores que habían sembrado en sus macetas. Cuando pasaron los seis meses, todos los jóvenes desfilaron hacia el castillo con hermosísimas y exóticas plantas. El joven estaba muy triste, pues su semilla nunca germinó; ni siquiera quería ir al palacio, pero su madre insistía en que debía ir. Con la cabeza baja, y muy avergonzado, desfiló el último con su maceta vacía. Todos los jóvenes hablaban de sus plantas, y al ver a nuestro amigo, se rieron y se burlaron de él. En ese momento, el alboroto fue interrumpido por la entrada del rey. Todos hicieron una reverencia mientras el rey se paseaba entre las macetas, admirando las plantas.

Finalizada la inspección, hizo llamar a su hija. Convocó, de entre todos, al joven que llevó su maceta vacía. Los pretendientes se quedaron atónitos. El rey dijo entonces:

–Éste es el nuevo heredero del trono, y se casará con mi hija. Os di una semilla infértil, y habéis tratado de engañarme plantando otras semillas. Este joven tuvo el valor de presentarse con su maceta vacía, y ha mostrado que es sincero, realista y valiente, cualidades que un futuro rey debe tener. [20]

Segunda propuesta: practicar la "inmersión contemplativa"

Apropiarse del silencio y la quietud, así sea de tanto en tanto o, si te animas, convertir esto en una rutina positiva. Practicar este estilo de apaciguamiento en una cultura que exige y promueve el inmediatismo y la hiperactividad como requisito del éxito personal y la autorrealización, no es como soplar y hacer botellas. Ir contra la corriente hará que la gente no te evalúe bien. El ocio es mal visto en una sociedad donde el sosiego y la lentitud son considerados una pérdida de tiempo. Según la definición de Google, la palabra *contemplación* significa: "Observación atenta y detenida de una realidad, especialmente cuando es tranquila y placentera" (por ejemplo, la contemplación del arte o la contemplación silenciosa de la naturaleza). Léase bien: "Atenta y detenida". ¿Somos capaces? Quién sabe. Si nos desconectáramos de la tableta, de la computadora, del celular, de la TV y del teléfono, ¿tendríamos un destello de lucidez o entraríamos en pánico?

De lo que estoy seguro es de que si tienes un estilo díscolo e inacabado de observación te vas a quedar en la epidermis del mundo, no serás capaz de profundizar ni ver siquiera lo elemental. Si pudieras ver el mundo de otra manera, desde el sosiego y la percepción profunda, estarías con un pie en la sabiduría. Una de las claves está en no responder inmediatamente a un estímulo externo, no dejarse invadir por el "ruido" que te inunda. Como dije en otra parte: "Tu ciudadela interior decide". Ante la propuesta informativa insistente, por ejemplo, de una publicidad, podrías decir: "No me interesa", y resistirte y mirar para otro lado, o irte. No tienes por qué quedarte anclado en tu reflejo de orientación primario.

La *inmersión contemplativa* es una pedagogía del mirar, de observar sin el afán de la respuesta animal, sin responder a todo: *tú eliges*. Es el autogobierno de tu mente que decide a qué hacerle caso y a qué no. Inmersión psicológica: hundirte en el contexto y la situación que te rodea, guiado por tu interés. Contemplativa: mirar más allá de lo obvio, observar más profundo; dejar de correr detrás de la provocación consumista.

Un relato para que reflexiones al respecto:

El maestro solía decir que sólo el silencio conducía a la transformación. Pero nadie conseguía convencerlo de que definiera en qué consistía el silencio. Cuando alguien lo intentaba, él sonreía y se tocaba los labios con el dedo índice, lo cual no hacía más que acrecentar la perplejidad de sus discípulos. Pero un día alguien dio un paso importante cuando le preguntó:

—¿Y cómo puede alguien llegar a ese silencio del que tú hablas?

El maestro respondió algo tan simple que sus discípulos se quedaron mirándolo, buscando en su rostro algún indicio que les hiciera ver que bromeaba. Pero no bromeaba. Y esto fue lo que dijo:

—Estéis donde estéis, mirad incluso cuando aparentemente no

hay nada que ver y escuchad aun cuando parezca que todo está callado. [21]

Veamos dos aspectos que te ayudarán a reflexionar sobre el mandato social de "tener que ser el mejor a toda costa" y que te permitirán una mayor "inmersión contemplativa": *negarse al inmediatismo* ("Todo debe ser ya") y *negarse a la multitarea* ("Debo hacer de todo, todo el tiempo").

Negarse al inmediatismo ("Todo debe ser ya")

El "inmediatismo" es un trastorno psicológico aún no aceptado por los sistemas de clasificación de enfermedades, que por ser posmoderno se demorará un rato en ser ratificado. Consiste en la exigencia absurda de que la vida debe responder "ya" a mis necesidades, sí o sí. Sus variantes pueden ser muchas y diversas, por ejemplo, cuando no soportas la frustración porque las cosas no son como a ti te gustaría que fueran (infantilismo cognitivo) o cuando el fenómeno de espera te angustia tanto que parece sacarte de quicio. La inmediatez genera ansiedad en grandes cantidades: pensar que todo debe ser "ahora" y al instante hace que nuestro organismo entre en un estado de alerta y se tensione.

Los avances tecnológicos han influido sin duda en que el inmediatismo se convierta en epidemia. Aprietas una tecla y tienes la foto, la información en tiempo real de lo que quieras, lo que pasa al otro lado del mundo, en un abrir y cerrar de ojos. La consecuencia es clara: te has acostumbrado a ello y te gusta. El culto a la inmediatez ha terminado por aplastar la virtud de la paciencia. No soportamos esperar, no nos gusta, ya no va con nuestra costumbre. Hacemos pataletas, protestamos y exigimos que el mundo gire a nuestro alrededor. Si esto no es una enfermedad psicológica, se parece mucho.

Ahora nos preguntamos: ¿cómo es posible que la gente viviera antes sin celulares y no supiera lo que estaba pasando en el planeta segundo a segundo? Yo, en cambio, me pregunto: ¿dónde quedó la sorpresa y el asombro agradable y constructivo por lo inesperado? De verdad y trata de ser sincero: ¿cuánto eres capaz de aguantar sin la información del WhatsApp de los amigos y amigas?

Un ejemplo de la ansiedad que genera el fenómeno de espera puede observarse con el desarrollo y evolución del bambú japonés (que resulta ser contraindicado para personas impacientes o aceleradas). Se siembra la semilla, se la abona y se la riega constantemente. Durante los primeros meses, al parecer no sucede nada. En realidad, ¡durante los primeros siete años no sucede nada que el ojo pueda percibir! Todo ocurre bajo tierra. Y al llegar el séptimo año y tan sólo en seis semanas, la planta de bambú crece más de treinta metros. Demoró todo ese tiempo en desarrollarse, pero sin manifestarse abiertamente. La aparente inactividad no era tal. Un cultivador inexperto, que no supiera del fenómeno, pensaría que las semillas son infértiles. Si una personalidad tipo A sembrara este bambú quemaría el terreno y demandaría a la empresa que le vendió la semilla. Se necesita paciencia, espera sosegada y aceptación de las leyes de la naturaleza para verlo crecer con toda su presencia imponente.

Mi recomendación es sencilla: si buscas el bienestar acércate a la lentitud moderada, ése es el camino para conectar con el universo. La espiritualidad tiene un estilo reposado siempre y en todas partes del mundo, el apresuramiento no va con la trascendencia. Recuerdo el caso de un paciente tipo A, a quien sugerí que fuera a clases de meditación para relajar un poco su pensamiento inmediatista. A los quince días me llamó el maestro algo inquieto, un hombre que solía ser de una estabilidad extraordinaria, y me dijo que mi paciente había logrado estresar a todo el grupo y que por momentos a él también; el acelere es contagioso. Sal por tu ciudad un día cualquiera sin rumbo y recórrela a paso lento, sin ningún adminículo tecnológico, ligero de información, y descubrirás que no conoces ni la mitad del lugar donde vives. Mirabas, pero no observabas.

Negarse a la multitarea ("Debo hacer de todo, todo el tiempo")

Esta obsesión por "aprovechar el tiempo" está muy relacionada con lo anterior, no sólo se trata de tenerlo todo "ya", sino de aprovechar el tiempo al máximo y no "perderlo"; hacer todo lo posible para que el día nos rinda.

Tal como sostiene el filósofo Byung-Chul Han, las exigencias de la posmodernidad han creado una nueva estructura de la atención en los humanos: la *multitarea*, hacer obsesivamente muchas cosas al mismo tiempo. No soportamos el hastío, mostramos fobia a la quietud, odiamos "matar el tiempo" y nos negamos a no hacer nada. La consigna que alimenta el mandato perfeccionista de ser el mejor es como sigue: ¡hay poco tiempo disponible, así que debemos usufructuar al máximo el que tenemos a mano! (incluso "compramos minutos" en el teléfono móvil). La premisa es que para estar en el grupo de los "aventajados" debemos mantenernos ocupados las veinticuatro horas del día, como si sufriéramos de una hiperactividad crónica que no se cura con ninguna droga conocida. ¿Qué derechos pierdes cuando entras en esta vorágine de hacer cosas, invirtiendo hasta tu última célula y hasta tu último segundo de vida? *El derecho a la lentitud, al hastío, al aburrimiento creativo, a ser el último*. Los mejores momentos de mi vida no han sido cuando he ocupado los primeros puestos en alguna actividad, sino cuando me he diluido en el promedio. La "pura agitación" te convierte en el típico animal que por estar haciendo tanto para sobrevivir no ve nada ni hace nada en profundidad. Un buen test: ¿llevas la computadora al baño?

Si comprendes que todo tiene un tiempo, que existe un proceso en tu naturaleza interior y exterior al cual debes acoplarte para manejar tus ritmos y vivir mejor llegarás a tu meta en paz, serás una persona más tranquila y tu deseo se convertirá en una pasión armoniosa.

> Cuando le preguntaron si alguna vez se había sentido desanimado por el escaso fruto que sus esfuerzos parecían producir, el maestro contó la historia de un caracol que emprendió la ascensión a un cerezo en un desapacible día de finales de primavera. Al verlo, unos gorriones que se hallaban en un árbol cercano estallaron en carcajadas y uno de ellos le dijo:
> –¡Oye, tú, pedazo de estúpido!, ¿no sabes que no hay cerezas en esta época del año?
> El caracol, sin detenerse, replicó:
> –No importa. Ya las habrá cuando llegue arriba. [22]

No defiendo la lentitud irracional, inútil o desubicada, la parsimonia que desespera a los demás. Defiendo una "lentitud responsable", pero lentitud al fin. Hace tiempo me contaron el siguiente relato, que muestra la lentitud que no defiendo:

> Los animales de la selva se habían reunido porque se les habían acabado las medicinas y muchos de ellos tenían gripe, así que necesitaban ir con urgencia al pueblo por los remedios. Pero cuando hubo que elegir a alguien, nadie quería ir. Todos esperaban que el leopardo o el antílope, por su rapidez, se ofrecieran a hacerlo, pero no fue así. En un momento de confusión y discusión, la tortuga tomó la palabra y dijo que ella podía ir, si se acomodaban a sus tiempos. Todos

dudaron conociendo su lentitud, pero no hubo más remedio que acceder. La tortuga dijo:

–¡Confíen en mí! —y se perdió entre los matorrales.

Así pasó un día, dos y hasta una semana completa. Los animales ya estaban desesperados. El león llamó a una asamblea urgente, y dijo:

–Fue un error mandar a la tortuga. Es muy lenta.

Siguió la jirafa:

–Además, no es la más sociable ni la más amable cuando alguien la necesita.

–Es verdad —dijo el rinoceronte—, es un poco antipática.

Las ardillas gritaron al unísono:

–¡A nosotras nos cae mal!

Y en ese momento, fue cuando se abrió el follaje y asomó la cabeza de la tortuga con aire enfadado:

–¡Pues les digo de una vez, que si siguen hablando mal de mí no pienso ir! [23]

Tercera propuesta: conectar con tu vocación más profunda (autorrealización)

La vocación es mucho más que la inclinación o predilección por una carrera, como sostienen la mayoría de los diccionarios. Para muchos psicólogos, entre los que me incluyo, la vocación tiene que ver más con la realización. ¿Cómo sabes que estás empezando a conectarte con tu vocación? Ocurren al menos tres cosas:

- Pagarías por trabajar en lo que haces. La actividad la vives como una pasión, un gusto, un deseo profundamente satisfactorio.
- Lo que haces, por decirlo de alguna manera, te sale del alma.

Te nace y lo haces bien, sin haber gastado mucho tiempo en aprendizajes especializados. Tienes una gran facilidad para llevarlo a cabo.
- Cuando practicas la tarea de que se trate la gente se acerca a ti y le llama la atención lo que haces. El mensaje que te llega es: "Estás en lo tuyo". Te sorprenderías saber de qué manera, cuando estás en pleno ejercicio de tu vocación, hasta tus "mejores enemigos" te reconocen y respetan.

Con que cumplas dos de los requisitos arriba expuestos vas bien encaminado. Conectar con lo que te imprime el mayor entusiasmo implica descubrir tu naturaleza esencial, lo que te define en última instancia. No todo el mundo puede hacerlo, es verdad, y si me preguntas un método concreto, no tengo respuesta. Lo que sí puedo decirte es que de tanto golpear puertas a veces se abre la correcta. Uno tropieza consigo mismo en la actividad creativa. De pronto, sin cursos especiales ni ayuda terapéutica, encuentras algo con lo cual fluyes, pierdes la dimensión del tiempo y no sientes el esfuerzo de llevarlo a cabo. Insisto: tropiezas con ello y te entregas sin resistencias. Las personas que lo hallan gritan de alegría, como si hicieran clic con la pieza que faltaba en un rompecabezas existencial: "¡Esto es lo mío!". Un "eureka" abre tu visión y tu motivación. El "yo" se expande y te sientes en casa, tu casa, tu lugar, lo básico. ¿Encontrar a Dios? No lo sé.

Analiza este pequeño relato, que tiene bases históricas:

Se cuenta que, en cierta ocasión, Niccolò Paganini considerado uno de los más grandes violinistas de todos los tiempos, se disponía a actuar ante un numeroso y entregado público, cuando comprobó con consternación que el violín que tenía en las manos no era el suyo. En ese momento, según explicó después, se sintió angustiado, pero comprendió que debía iniciar el concierto de todas maneras y así lo hizo. Las crónicas relatan que fue una de sus mejores interpretaciones. Una vez finalizada su actuación, Paganini comentó con uno de sus compañeros de orquesta: —Hoy he aprendido la lección más importante de toda mi carrera. Hasta hace escasos momentos creí que la música estaba en el violín, pero me he dado cuenta de que la música está en mí y que el violín sólo es el instrumento por el cual mis melodías llegan a los demás. [24]

Cuando lo llevas en tus genes, el formato sobra, el medio es sustituible. Eso es lo que debes buscar: tus dones, tus fortalezas, tus talentos. Para que lo tengas claro, todos tenemos algún atributo especial, así te consideres un inepto y estés lejos de la "perfección" que nos quieren imponer. Si haces a un lado la loca idea de querer ser "el mejor" en lo que sea, entonces, sólo entonces saltará la chispa, ese relámpago de felicidad que sientes cuando das en el clavo. Y ahí no habrá dudas, no necesitarás de patrocinadores ni maestros especializados, sólo echar agua para que el bambú crezca y te sobrepase. La suerte no es más que la coincidencia de uno con uno mismo: se llama autorrealización.

En cierta ocasión asistí a un templo budista. Ya había ido a otros, pero no sentía en mí la mínima expresión de lo trascendente o lo "mágico", por decirlo de alguna manera. Ese día, en un paraje lejano y desolado, frente a un buda tan pequeño que no parecía un buda, envuelto en aromas especiales, con la nieve de fondo, el frío que me calaba los huesos y en una banca destartalada donde me senté, simplemente me transporté y comprendí que en cada cosa existe el todo y viceversa. No puedo explicarlo de otra manera. Mi inspiración duró unos segundos y no dio para más. Pero también pude entender algo esencial para mi vida: *debía comunicarme con los demás.* No preguntes cómo llegó eso exactamente a mi persona.

Lo único que sé es que la suma de todo configuró en mí una pequeña voz interior, que logré traducir: "¡No seas idiota, comunícate con el mundo!". Era una especie de regaño. En ningún otro lugar lo sentí, en ninguna iglesia, en ninguna sinagoga, sólo allí, al pie de una montaña olvidada y agreste. ¿Autoengaño? No creo, porque a partir de ese momento decidí que mi fin era ser un comunicador y eso es lo que hago y pagaría por hacerlo.

PREMISA LIBERADORA VI
RECONOCE TUS CUALIDADES SIN VERGÜENZA: MENOSPRECIARTE NO ES UNA VIRTUD

Si será modesto que se cree inferior a sí mismo.
ÁLVARO DE FIGUEROA Y TORRES

No dejes que la modestia exagerada te aplaste

Muchas veces, por no caer en la soberbia y la vanidad nos vamos para el otro extremo y eliminamos el "orgullo saludable" que sentimos por las cosas buenas que tenemos y hacemos. ¿Por qué debemos minimizar, matizar u ocultar nuestros atributos positivos? Mucha gente talentosa decide ignorar sus virtudes o no darles importancia y esta conducta es aplaudida por la sociedad como una muestra de "humildad" y ponderación del "yo".

Pero hay que tener cuidado con las definiciones. La humildad, según el filósofo Comte-Sponville, es la *conciencia de la propia insuficiencia*. Corto y claro. Es reconocer los propios límites y no, como sugiere la sociedad de la depreciación personal, abochornarse por ellos. *Ser humilde no implica desconocer las propias virtudes y atributos: esto es ignorancia o estupidez.* El humilde no es un ignorante de sí mismo.

No digo que nos ufanemos de nuestras capacidades y las exhibamos como un pavo real, pero identificarlas y aceptarlas como parte natural de uno mismo, de nuestro historial básico, del fondo que nos define nos hace más humanos y más justos a la hora de autoevaluarnos. Los individuos que minimizan sus aspectos positivos, de manera consciente o inconsciente, siguen al pie de la letra el *mandato irracional perfeccionista* que sentencia:

> Las personas que se sienten orgullosas de sus logros
> y virtudes son vanidosas y soberbias: les falta modestia

Mortal: directo a la cabeza y a la mente. Y una vez allí, se incrusta como parte de un aprendizaje social que te impide reconocer tu valía personal, so pena de ser unególatra descarado.

El reconocimiento de nuestros atributos

La norma indica que si cualquiera te pregunta sobre algún atributo positivo, debes disimular tu cualidad, rebajarla o rebajarte, para evitar caer en la petulancia. Derrochar modestia, así seas un "mentiroso ejemplar", aunque eso implique negarte a ti mismo, hará que glorifiquen tu "sencillez": insisto, así mientas sobre ti. Veamos algunos ejemplos:

- Tienes un cabello muy hermoso y alguien te lo recuerda. Según el mandato que exalta la modestia irracional, sería más correcto decir: "No, no es para tanto" (mientras expresas algún gesto de vergüenza), que afirmar con desenvoltura y naturalidad: "¿Sí, verdad?, adoro mi cabello". Sin alardes, sin publicarlo: sólo mostrar una verdad que asumes de manera natural, en vez de "hacerte el tonto" y afirmar que "no es para tanto" (¡cuando en realidad te encanta tu pelo!). Insisto: no tienes que menear la melena todo el día ni besarte en el espejo cada vez que te veas, basta aceptar que te gusta tu pelo; sólo lo que es, sin extravagancias.
- Batiste el récord histórico de ventas en tu empresa, te dan un premio y en el discurso dices: "No sé qué decir, hice lo que

pude, no fue gran cosa". ¡Pero si te partiste el lomo para obtener ese reconocimiento! ¿Por qué no lo dices? ¿Está mal visto? Pues a los que les molesta que no miren ni escuchen. ¿Por qué no expresarlo, sin vanidad y francamente?: "Trabajé duro para ganar este galardón y me siento orgulloso y feliz de haberlo conseguido". Sí: "orgulloso".

- Leí en un periódico que un hombre de mediana edad salvó a una niña del tráfico de personas en un país latinoamericano. El señor se enfrentó a un grupo de varios indeseables y logró salvar a la pequeña. Todo el mundo lo consideró un héroe, menos él. Cuando le preguntaron, respondió: "Cualquiera hubiera hecho lo mismo". ¿Falta de análisis? ¿Ingenuidad? ¿Humildad ignorante? ¡No cualquiera lo hubiera hecho! En un mundo donde el egoísmo manda y se cuela por casi todas las rendijas de nuestra supuesta integridad, "cualquiera" no hubiera arriesgado la vida para salvar a otro ser humano. Quizá podría haber dicho algo más congruente con la autoestima: "Me indignó tanto el hecho que saqué fuerzas de donde no tenía. Ahora me siento muy bien conmigo mismo porque aunque no es algo fácil de hacer, logré salvar a la niña", o cualquier otra cosa que no lo llevara a minimizar su valentía. Pero a la mayoría de la gente le encantó la "virtud del menosprecio" del héroe nacional.

- Obtuviste un diez en álgebra cursando la carrera de ingeniería (lo que es prácticamente imposible) y todos te felicitan. ¿Fue suerte? ¿No tuvo nada que ver tu inteligencia? ¿Tu capacidad de estudio? ¿Tu lucidez? Pero no, se te ocurre decir la frase de los que se arrastran por una modestia delirante: "Fue pura suerte". ¿Es que te quieres tan poco que no ves que eres bueno o buena para las matemáticas? Y hay un ingrediente más: cuando afirmas "Fue pura suerte", los demás te aplauden, se regocijan en tus palabras y repiten a coro: "¡Qué sobrio y sencillo es!". Lo cual refuerza la negación de uno mismo como un valor de excelencia mal entendido.

Pero ¿qué clase de sociedad es ésta que por evitar la petulancia elimina el autorreconocimiento? Para curar una jaqueca no hay que cortar la cabeza. Aceptemos que es mal visto hablar bien de uno mismo en público, pero entonces, si no lo vas a decir para que todos se enteren, al menos piénsalo, refuérzate en el mayor de los silencios y ¡felicítate! No tienes que sentirte más que nadie, sólo disfrutarlo con la mayor humildad y alegría de la que seas capaz.

Es tan negativa la *falta* de modestia como la *falsa* modestia, aunque esta segunda moleste menos a la gente. Si no hay autorreconocimiento tus logros y fortalezas pasarán inadvertidos para ti mismo. La frase "No es para tanto" es la ley de los inseguros. Deberás hacer otro giro radical y crear un esquema de autoaceptación: *merezco creer en mí y valorarme por lo que hago*. No permitas que la falta de autoestima eche raíces en una falsa virtud.

La autoexigencia destructiva

La autoexigencia racional y constructiva es buena y recomendable, porque te mantiene firme y activo para lograr tus objetivos. Sin embargo, la autoexigencia destructiva e inclemente actúa como una fábrica de insatisfacción constante, te harás daño y nunca reconocerás tus logros. Siempre te faltará algo y estarás más pendiente de la derrota que de la victoria. La autoexigencia irracional, excesiva e ilimitada es pura patología y no una virtud.

Los que mueren por sus sueños son aplaudidos por la sociedad, sin analizar si tales "sueños" eran razonables o se aproximaban a la locura. Hay sueños benéficos y positivos por los que vale la pena luchar y hay otros que se convierten en pesadilla, porque nos rebasan o nos conducen a una ambición desmedida. Por ejemplo, si la gente dijera: "Es un valiente porque quiere subir al Everest, sin compañía y sin ninguna previsión técnica, ¡su sueño es desafiar la montaña tal como vino al mundo!", yo opinaría, siguiendo a Aristóteles, que más que valiente el tal alpinista es un temerario irresponsable e insensato. En cierta ocasión escuché a una madre, con toda la buena intención del mundo, decir a su hijo: "Tú eres un Superman, tú todo lo puedes, no hay obstáculos para ti". ¡Pobre niño! ¿Qué hará cuando crezca y descubra que vive en un mundo de kriptonita? Se dará de bruces y no estará preparado para la decepción, una emoción que puede perforarte de lado a lado si no la sabes gestionar. ¿No sería mejor y más saludable enseñarle a discernir cuándo vale la pena luchar y cuándo no? Aceptemos que si la meta es vital, la mejor estrategia es intentarlo hasta la última gota de sudor... Pero ¿y si la meta es inalcanzable o francamente irracional?

Cuando hacemos de la exigencia despiadada una forma de vida, nada nos viene bien, nada alcanza. Tengo amigos que son así, que viven añorando un perfeccionismo imposible de lograr y, por eso, pocas veces se les ve contentos. Veamos el siguiente relato:

> Cierto día un carnicero que estaba atendiendo a sus clientes vio que un perro se metía en la carnicería. Empezó a gritarle para que se saliera de la tienda. El perro se salió pero a los pocos minutos volvió a entrar y después de entrar y salir unas cuantas veces más el carnicero se dio cuenta de que traía algo en la boca.
>
> Salió entonces desde atrás del mostrador, se acercó hasta el perro y vio que lo que traía en la boca era una nota envuelta en un plástico. Tomó la nota y la leyó: "¿Podría usted enviarme medio kilo de chuletas y cinco salchichas?". Envuelto en el plástico venía también un billete de

50 euros. El carnicero preparó el pedido y una vez listo metió en una bolsa las chuletas y las salchichas junto con el cambio. Mostró las asas de la bolsa al perro, que las puso en su boca y abandonó la carnicería.

El carnicero estaba asombradísimo y decidió salir detrás del perro para ver qué hacía. El perro caminó por la calle hasta llegar a un semáforo, donde se paró, depositó la bolsa en el suelo, se alzó sobre sus patas traseras y pulsó el botón para que el semáforo cambiara a verde para los peatones. Esperó sentado con la bolsa de nuevo en la boca hasta que el semáforo lo dejó pasar, cruzó tranquilamente y caminó hasta la parada de autobús. Al llegar, observó las señales que indicaban los diferentes autobuses y sus rutas, se sentó y esperó. Al poco rato paró un autobús pero el perro no se movió, un poco más tarde llegó otro y el perro subió rápidamente por la parte de atrás para que el conductor no lo viese. El carnicero no daba crédito a lo que estaba viendo y subió también al autobús.

Tres paradas después el perro se alzó sobre sus patas, tocó el timbre y cuando el autobús paró se bajó. El carnicero bajó tras él. Los dos caminaron unos minutos más hasta llegar frente a la puerta de una casa. El perro dejó la bolsa en el suelo y comenzó a golpear la puerta con sus patas delanteras mientras ladraba, como nadie le abría dio un salto a una tapia y de allí saltó hasta una ventana consiguiendo golpear varias veces el cristal. Saltó otra vez a la calle y volvió a colocarse frente a la puerta. A los pocos segundos la puerta se abrió y salió un hombre que sin mediar palabra empezó a golpear al perro mientras le gritaba lo inútil que era.

Al ver aquello, el carnicero se fue hacia aquel hombre, lo sujetó para que no le pegara más y le dijo:

—¡Por favor, deje de pegarle al perro! ¿No se da cuenta de que está cometiendo una injusticia? Este perro es un genio.

—¿Un genio? ¡Es la segunda vez en esta semana que a este perro imbécil se le olvidan las llaves! —gritó el otro. [25]

Dos claves para hacer frente al menosprecio personal

Minimizar tus comportamientos positivos o pensar que son insignificantes, no es modestia sino una forma de autocastigo. Cada virtud o conquista personal que desestimes es negar y faltar al respeto a tu existencia. Si tienes esta mala costumbre, puedes eliminarla activando dos esquemas saludables que presentaré a continuación. Aplícalos y mejorarás tu autoevaluación: (*a*) sentirte orgulloso de ser quien eres y (*b*) aprender a colgarte medallas a ti mismo.

Sentirte orgulloso de ser quien eres

Sentirse orgulloso, dentro de límites razonables, tiene un gran valor psicológico y adaptativo: se trata de una *emoción positiva*. La tradición judeocristiana ha visto la emoción del orgullo con suprema desconfianza; de hecho, la soberbia (el orgullo mal manejado y excesivo) es considerada uno de los siete pecados capitales y sus sinónimos: altanería, altivez, endiosamiento, engreimiento, narcisismo o egolatría, son vistos como una falta imperdonable.

¿Te sientes orgulloso de lo que haces y de quien eres o te menosprecias? Y no hablo de soberbia, sino de la alegría que implica la autoaceptación incondicional. De sentirte contento con tus comportamientos exitosos y de atribuirte la causa de tus aciertos personales sin remilgos, justificaciones o vergüenza. Es absolutamente normal que cuando tu comportamiento produce un resultado positivo se genere en ti una dicha espontánea y la satisfacción de "haber sido capaz". Es cuando te dices en voz baja: "¡Increíble! ¡Yo lo hice!". Sin embargo, muchas personas sienten que este regocijo esconde algún tipo de pedantería, así que lo eliminan de inmediato. Y entonces un autocontrol rudo e insensible se impone:

"¡¿Pero de qué me ufano, si lo que hice no vale la pena?!". Y el orgullo desaparece.

Cuando estaba en el colegio y a veces obtenía un diez en alguna materia, en mi casa me decían un simple: "Bien, bien", y agregaban: "Ése es tu deber", lo cual se convertía en una carga más, ya que mi interpretación era que si no volvía a obtenerlo estaría faltando a mi deber de "buen hijo". Hasta que fui más grandecito y comprendí que mi "deber principal" no era lograr buenas notas sino estudiar, y entonces me relajé. A partir de allí aprendí a sentirme contento, simplemente, cuando hacía las cosas bien.

Separemos el mal orgullo del buen orgullo, para que lo tengas más claro

El "mal orgullo", que se asocia a la soberbia, genera todo tipo de inconvenientes para tu vida: aislamiento social, rechazo de las demás personas, envidia, problemas en la relación interpersonal, sentimientos de grandeza, etcétera. Veamos el siguiente relato:

> Hace mucho tiempo, una grulla y un flamenco vivían en los extremos opuestos de cierto lago. Coincidían a veces, pero cada uno llevaba su vida y se ignoraban mutuamente. Hasta que un día el flamenco se dijo a sí mismo: "Estoy muy solo y esta vida es aburrida... Iré a ver a la grulla y le pediré que se case conmigo". Y eso fue lo que hizo. Al oír su petición, la grulla lo rechazó de plano:
>
> —Eres feo, tienes las patas muy delgadas y, además, estoy muy tranquila viviendo sola, así que vete ahora mismo.
>
> Compungido y triste, el flamenco se marchó. Transcurridos unos días, la grulla empezó a arrepentirse de haber rechazado tan groseramente al flamenco: "Después de todo, creo que sería buena idea casarme con él... Mejor eso, que pasarme todo el día buscando peces

en el lago y soportando a mis compañeras". Con esta determinación, acudió a ver al flamenco. Cuál no sería su sorpresa cuando el flamenco rechazó su petición:

—¡Pues ahora soy yo el que no se quiere casar contigo! ¡Lo he pensado mejor, y estoy mejor solo que aguantando a una grulla maleducada como tú!

Así que la grulla regresó a su lado del lago. Pocos días pasaron hasta que el flamenco se recriminó a sí mismo el trato que le había dado a su vecina: "No lo entiendo, yo me quiero casar con ella, viene a pedírmelo, y la rechazo... no sé en qué estaría pensando... voy corriendo a decirle que sí". Mas la grulla, herida en su orgullo, volvió a rechazar la petición del flamenco:

—¡Pues ahora yo no me quiero casar contigo! Te di la oportunidad y la desaprovechaste.

Al cabo de varios días la grulla volvió a arrepentirse de haber despreciado al flamenco y volvió a acudir a él, para aceptar su petición... la cual, por supuesto, fue rechazada por el flamenco... Dicen que la grulla y el flamenco todavía siguen así. [26]

El *buen orgullo*, por el contrario, va siempre ligado a una contundente dosis de humildad e inteligencia emocional, no como la grulla y el flamenco. No se trata de no dar el brazo a torcer y llevarse el punto. Contrario a lo que pregona la "cultura del flagelo", el buen orgullo produce muchas ventajas psicológicas: aumenta la motivación hacia las metas, organiza nuevos objetivos, expande la seguridad en uno mismo e incrementa la autoestima, entre otras muchas. Es una emoción que hay que alentar y utilizar. Y si quieres agregarle un toque espiritual, quizás este pequeño relato te ayude a sentirte orgulloso por el simple hecho de existir.

Un hombre ve en la calle a una niña tiritando de frío, sin ropa adecuada y sin posibilidades de conseguirla. El hombre encolerizado preguntó a Dios:

–¿Por qué permites estas cosas? ¿Por qué no haces nada por solucionarlo?

Dios guardó silencio. Más tarde, aquella noche le respondió:

–Ciertamente, he hecho algo, te he hecho a ti. [27]

Aprender a colgarse medallas a uno mismo

¿Te das gusto dentro de tus posibilidades? ¿O eres cicatero a la hora de premiarte o reforzarte a ti mismo? La cultura ve con suspicacia a las personas que se dan gusto, porque en el fondo se piensa que prodigarse placer es síntoma de egolatría, como si los amargados, circunspectos y reprimidos fueran dueños de la piedra filosofal de la modestia. Pues no es así, aunque los aburridos protesten: si no te premias, no te felicitas ni te expresas afecto nadie lo hará. El amor empieza por casa. Por mi consulta han pasado muchas personas que se sentían culpables de quererse a sí mismas y expresárselo y vivían con un pie en la depresión.

Cuando hablo de colgarte medallas me refiero a que te premies a ti mismo, no sólo con cosas materiales, sino principalmente con el lenguaje. Se llama "autoelogio" y es poco probable que te lo hayan enseñado en alguna parte. Colgarte medallas es felicitarte cuando haces las cosas como te gustan o cuando estás conforme contigo mismo. Esto no implica que tengas una ceguera para lo que no haces bien, sino que estés pendiente también de lo que realizas exitosamente. ¿Por qué el esfuerzo que te lleva a ciertos logros personales debería pasar desapercibido por ti? Una manera de no menospreciarte, además de fomentar el orgullo, es poner a funcionar

PREMISA LIBERADORA VI

el cumplido y el aplauso autodirigido. Obviamente la alabanza no debe ser gratuita, sino realista. Tú decides el premio, tú te lo otorgas y tú lo consumes. ¿Egocentrismo? No: *amor propio con mayúsculas*. Dignidad de la buena.

En una sociedad donde el refuerzo social es cada vez menor (a no ser que seas mediático y te conviertas en una "marca" que los demás consuman), donde en el trabajo las felicitaciones se dan a cuenta gotas, donde la gente teme agrandar el ego del vecino nos queda el autorrefuerzo, la cortesía afectiva autoadministrada (una cortesía que nadie, óigase bien, nadie te puede arrebatar). Lo tengo claro: si no me abrazan, me abrazo; si no me quieren, me quiero; si no reconocen mi esfuerzo, me felicito. Esto no significa que debas prescindir del reforzamiento social cuando llega, sino completarlo. Si tomo consciencia de quien soy, descubriré que, felizmente, aún y a pesar de todo, me tengo a mí mismo.

Nadie es completo, nadie es perfecto, nadie toca el cielo con las manos. Sin excepciones, estamos plagados de defectos de todo tipo, que casi siempre son mejorables. Reconocerlo nos relaja, porque nos baja del pedestal que a veces construimos subrepticiamente para enarbolar la bandera insoportable del perfeccionismo: puedes colgarte medallas aunque no seas un dechado de virtudes. Si crees que la perfección psicológica existe, la buscarás desesperadamente y te perderás en el camino. En cambio, si piensas que por más que mejores nunca dejarás de ser imperfecto, si lo aceptas con beneficio de inventario, tu mente se tranquilizará.

Todo está en nuestra cabeza. A la hora de la verdad eres lo que piensas, somos pensamiento en plena ebullición: piensa bien de ti y te sentirás mejor, serás cada día más fuerte.

A un discípulo que se lamentaba de sus limitaciones, le dijo el viejo maestro espiritual:

—Naturalmente que eres limitado. Pero ¿no has caído en la cuenta de que hoy puedes hacer cosas que hace quince años te habrían sido imposibles? ¿Qué es lo que ha cambiado?
—Han cambiado mis talentos.
—No. Has cambiado tú.
—*¿Y no es lo mismo?*
—No. Tú eres lo que tú piensas que eres. Cuando cambia tu forma de pensar, cambias tú —concluyó el anciano. [28]

PREMISA LIBERADORA VII
LA CULPA ES UNA CADENA QUE TE ATA AL PASADO: ¡CÓRTALA!

Una persona que se siente culpable se convierte en su propio verdugo.
Séneca

La carga de la culpa

Vamos a partir de la siguiente proposición: *la culpa es una forma de control social para que nos portemos bien, una forma de autocontrol con un inmenso costo psicológico*. Es tan horrible sentirse malo, inadecuado, miserable o ruin que evitamos cometer cualquier cosa socialmente reprobable para eliminar el sentimiento de culpa que aparecerá a posteriori. El resultado es que te portarás "bien", y hasta quizás seas un modelo a seguir, con tal de evadir ese terrible remordimiento que hará que te percibas como el peor de los villanos. La culpa te susurra por lo bajo: "No estuviste a la altura, eres indigno, sólo mereces lo peor. Has traicionado los valores que te inculcaron, se esperaba otra cosa de ti, eres malo".

La autoevaluación que surge de semejantes acusaciones es mortal para la autoestima, cuya sentencia es: "He fallado como persona". ¿A quién se supone que le has fallado? La culpa no deja títere con cabeza: a ti mismo, a tus ancestros, a tu familia, a tu patria, a tus amigos o a cualquiera que haya puesto su confianza en tu persona. Látigo en mano, el que se cree culpable va por la vida lastimando su esencia hasta aniquilarla. En resumen: *la trama central de una persona que se siente culpable es haber transgredido un imperativo moral que considera vital e imprescindible para sentirse digno de la condición humana.* Y ojo, esta transgresión no tiene por qué haber ocurrido realmente, basta que el sujeto lo presuma, se lo imagine o lo perciba así. Tampoco debemos pensar en asesinatos, robos, violaciones o genocidios: la culpa puede instalarse por cualquier motivo y con la misma fuerza de las grandes transgresiones si la persona es hipersensible a ella.

Recuerdo el caso de una señora mayor que participó en un concurso de pasteles y sintió una envidia pertinaz cuando supo que la ganadora era una amiga suya. Después de unos días, aunque la envidia había empezado a bajar de intensidad, mi paciente se sintió como la peor de las pecadoras y la peor amiga. Su malestar continuó por varias semanas, tenía pesadillas, pensaba que estaba traicionando sus principios religiosos y no era capaz de perdonarse a sí misma. La culpabilidad, de manera irracional, la estaba matando psicológicamente. En una consulta me dijo: "Yo siempre me había ufanado de no tener malos sentimientos... No sé qué me ocurrió... Quise confesarme, pero me da vergüenza... Quiero arrancarme esta sensación... Soy un desastre...". Conversé con ella varias veces tratando de hacerle ver que estaba siendo muy dura consigo misma, que todos hemos sentido envidia alguna vez y que la "perfección" espiritual no existe. Por desgracia no tuve éxito, ya que su concepción era muy estricta. Finalmente, le propuse que hablara con un sacerdote amigo, quien le explicó que su Dios no la quería perfecta, sino que la amaba igual, pese a sus metidas de pata o que a veces se saliera de las normas. Se convenció de que tenía que ser más autocompasiva y dejó de autocastigarse por ser "tan mala". Para mi sorpresa, antes del año, volvió a verme con el siguiente motivo de consulta: "Me siento culpable por no sentirme culpable". Los que se acostumbran a sufrir debido a condicionamientos ético-morales ven en el dolor una energía "purificadora", porque sienten que los templa y los hace buenos. Aceptemos que reconocer una falta puede llegar a ser tan meritorio como no cometerla; sin embargo, este reconocimiento nunca debe estar acompañado de fustigación psicológica.

El *mandato social perfeccionista* que promueve la culpa como una forma de "autocontrol responsable" es como sigue:

> Sentirte culpable te hace ser una buena persona

¿Habrá una forma más demoledora de masoquismo moral? La dinámica de la culpa nos conduce a una paradoja involutiva, tan inútil como peligrosa: *si has hecho algo supuestamente inadecuado para sentirte una buena persona, debes sentirte mal y malo.* Es decir, para sentirte bien contigo mismo, ser socialmente aceptado y mantenerte en los cánones que definen la excelencia y la perfección moral no basta asumir tu responsabilidad, el dardo debe llegar al corazón del "yo" y destriparlo. Se requiere, además de resarcir el problema causado, destruir la valía personal, recorrer algunas millas en cuclillas y castigar el espíritu a golpes de pecho inconsolablemente (no importa si la falta no fue intencional). Para resumir, la paradoja es como sigue: *si cometes una falta, para sentirte bien (ser bueno) debes sentirte mal (aceptar tu maldad).* Obviamente no defiendo una despreocupación irresponsable, casi psicopática, frente a los errores que cometemos, sino una actitud reparadora sin dejar de respetarse a uno mismo; sin torturas autoinfligidas.

Responsabilidad adaptativa *vs.* responsabilidad autodestructiva (culpa)

Puntualicemos los conceptos manifestados hasta ahora, para que puedas tenerlos más claros y aplicarlos. La mayoría de los estudiosos en el tema consideran que hay una *responsabilidad adaptativa* (equilibrada, racional y constructiva) y una *responsabilidad autodestructiva o culpa* (excesiva, originada en el miedo y orientada a castigarse uno mismo).

Responsabilidad adaptativa

La *responsabilidad adaptativa* implica aceptar el error o la falta, buscar la reparación del daño y actuar con empatía y preocupación honesta hacia el damnificado. La reparación en la responsabilidad adaptativa es mucho más que "pagar por el error", es involucrarse con compasión y solidaridad. Repito, no se trata de sacar la billetera y que el pago te exima de tu responsabilidad; de ser así, la reparación compensatoria se convertiría en un acto protocolario exclusivamente económico ausente de significación moral y afectiva.

La consigna de una responsabilidad sin culpa es como sigue: "Acepto mi responsabilidad, pero no me autodestruyo, no me insulto, no denigro mi valía personal, en fin, no me convierto en una piltrafa como parte del resarcimiento". Imagínate que por accidente golpeas con tu automóvil a un peatón. Es lógico que te sientas mal con la situación, que lo lleves a urgencias, que te quedes con él, que asumas lo que tengas que asumir y que te comprometas con lo ocurrido sin escapar. Eso es adaptativo, es ético, es *responsable* y habla bien de ti. ¿Y la culpa? Sobra. No hubo intención en ti de agresión. Pero ¿y si hubiera "mala intención" y realmente tuvieras la motivación de lastimar a alguien? Entonces, sométete a la justicia, pide ayuda profesional y revísate a ti mismo.

Queda claro entonces que cuando cometes un error no tienes que rasgarte las vestiduras o lacerarte, aunque sí deberías tratar de aprender de la metida de pata y recapacitar al respecto para que no se repita. Veamos un relato sobre un error que ya no puede repararse, y no deja otra que aprender de él.

Una joven esperaba el embarque de su vuelo en un gran aeropuerto. Como tenía una larga espera ante sí, decidió comprarse un buen libro y un paquete de galletas. Se sentó lo más cómodamente que pudo y se puso a leer tranquilamente, dispuesta a pasar un buen rato de descanso. Al lado del asiento donde se encontraba el paquete de galletas un hombre abrió una revista y se puso a leer. Cuando ella tomó una galleta, el hombre también tomó una. Ella se sintió irritada por este comportamiento, pero no dijo nada, contentándose con pensar: "Qué cinismo". Cada vez que tomaba una galleta, el hombre hacía lo mismo sin perder su sonrisa. Ella se iba enfadando cada vez más, pero no quería hacer un espectáculo. Cuando sólo quedaba una galleta pensó: "¿Qué va a hacer ahora este imbécil?". El hombre tomó la última galleta, la partió en dos y le dio la mitad. "Bueno, esto ya es demasiado...", pensó, ¡estaba muy enfadada! En un arranque, guiada por el mal genio, tomó su libro y sus cosas y salió disparada hacía la sala de embarque. Cuando se sentó en su asiento del avión abrió su bolso y… con gran sorpresa descubrió su paquete de galletas intacto y cerrado.

¡Se sintió tan mal! No comprendía cómo se había podido equivocar… Había olvidado que guardó su paquete de galletas en su bolso. Lo que había ocurrido es que el hombre había compartido con ella sus galletas sin ningún problema, sin rencor, sin explicaciones de ningún tipo… mientras ella se había enfadado tanto, pensando que había tenido que compartir sus galletas con él… y ahora no tenía ninguna posibilidad de explicarse, ni de ofrecerle disculpas. Tuvo que llevarse su error a cuestas, una metida de pata que sólo ella vio y sintió, y la hizo reflexionar sobre muchas cosas. [29]

Responsabilidad autodestructiva (culpa)

La culpa es el apasionamiento obsesivo por ser bueno, a expensas de uno mismo y a cualquier costo. Cuando el sentimiento de culpa se magnifica y se convierte en un instrumento de purificación cuasi religiosa, entramos en el fangoso terreno del masoquismo moral: "Cuánto más me castigo más bueno soy" o "Cuánto mayor sea la autocrítica, más ejemplar seré". Aproximación dolorosa a una perfección imposible. Tal como dije antes: se trata del *via crucis* de quienes aprenden a sentirse mal para sentirse bien o la paradoja del dulce martirio. Recuerdo una caricatura que leí en cierta ocasión. En el dibujo se podía ver una sesión de terapia donde el psiquiatra pregunta a su paciente, acostado en un diván: "¿Algún familiar suyo sufre de enfermedades mentales?". Y el paciente responde: "No. Todos parecen disfrutarla". Hay gente que se regodea en el dolor y le encuentra el gusto.

> Una mujer muy religiosa le dijo a un maestro espiritual que había tenido que confesarse aquella misma mañana.
>
> –No puedo imaginarte cometiendo un pecado grave. ¿De qué te confesaste?
>
> –De que el domingo no fui a misa por pereza; de que una vez maldije contra el jardinero; y de que otra vez eché de casa a mi suegra durante una semana.
>
> El maestro se quedó pensando y dijo:
>
> –Pero eso fue hace cinco años, ¿no es así? Seguro que desde entonces ya te habías confesado...
>
> –Así es. Pero lo repito cada vez que me confieso. Me gusta recordarlo —replicó ella con una sonrisa suspicaz. [30]

Los investigadores han reportado que desde los dos años de edad los niños comienzan a mostrar conductas reparadoras y de autocastigo, después de causar daño a otras personas. Y que alrededor de los cinco años, cuando se estructura el sentido de la identidad, la culpabilidad se instala como un esquema estable altamente dañino. A partir de ese momento, el infante está en condiciones de prevenir y evitar la culpa. No sabemos exactamente cómo, pero en algún estadio del desarrollo evolutivo la mente construye una exigencia fundamental en la mayoría de las personas, un imperativo moral personal: "No quiero ser malo", y el contrasentido es que matarían por ello. Si las condiciones educativas no son propicias y los padres actúan erróneamente, imponiendo una disciplina orientada al castigo y a despertar en el niño una responsabilidad irracional frente a los acontecimientos negativos, el imperativo puede convertirse en fanatismo. He conocido gente obsesivamente buena y gente tranquilamente buena.

En algunos casos, espero que no sea el tuyo, la culpa se instala sobre una creencia fatal, además de falsa, que podríamos llamar *determinismo histórico*: "El pasado me condena: debo aceptar mi destino y resignarme a sufrir". Estancados en las arenas movedizas de una memoria negativa que hace estragos, estas víctimas de la culpa no pueden ni saben olvidar. No son capaces de perdonarse lo que hicieron, o lo que no hicieron y deberían haber hecho. Tomar la culpa demasiado a pecho no te dejará más salida que el castigo.

> Cuentan que una vez Caperucita se encontró con un lobo feroz.
> –¿Vas a comerme? —preguntó la pequeña temblando de miedo.
> –Por supuesto. ¿Qué llevas ahí?
> –¡Oh, cosas de comer para mi abuelita! No puede andar y tenemos que llevarle la comida. Si me prometes no comerme te dejaré algo.
> –¡Si serás boba! Puedo comerte a ti y de postre lo de esa cesta —gruñó el lobo con fastidio.

Entonces Caperucita, que era muy inteligente, intentó cambiar la perspectiva psicológica del lobo:

—¿Cuántas personas te has comido? ¿Acaso te gusta que todo el mundo te odie y te tenga miedo?

—La verdad es que me he zampado unos cuantos, pero sólo lo hice para alimentar a mis lobitos, que ya se han hecho grandes y partieron. Ahora tengo que seguir matando para mantener el miedo —contestó el lobo mientras bostezaba y se echaba.

Caperucita volvió al ataque con sus argumentos.

—Sólo por lo que has hecho ya estás condenado para siempre. Cualquiera que pueda te matará y a medida que envejezcas serás como mi abuela. Sólo que nadie va a traerte la comida. Tendrías que buscarte otro medio de vida o serás siempre un fugitivo.

—No creo en lo que dices, pero si fuera cierto, ¿qué debo hacer para que no me odien?

—Dejar de hacer maldades —dijo ella con resolución, mientras sacaba un par de pasteles y se los entregaba—, si sigues en las mismas no vivirás demasiado. Demuestra que no eres un cruel carnicero y podrás vivir en paz hasta que mueras de viejo.

—No sé... Lo pensaré —dijo el lobo, haciéndose a un lado.

Pasó el tiempo y, como en el pueblo corrió la voz de que aquel lobo feroz había desaparecido, la gente se atrevió a circular con normalidad por el bosque. Pero como también merodeaban por allí vagabundos y ociosos, pronto descubrieron que había un lobo inmenso y terriblemente manso, que cuando veía alguien trataba de esconderse en su madriguera o se ocultaba entre las matas. Y así fue como, al principio en son de broma y después por simple maldad, la gente comenzó a divertirse buscando al lobo para tirarle piedras y hacerle todo tipo de barbaridades. Como el animal recordaba siempre los consejos de la niña, soportaba estoicamente aquel castigo mientras pensaba que se lo tenía merecido y que algún día estaría saldada su deuda y lo dejarían en paz.

Un día pasó por allí Caperucita y lo encontró tan malherido que tuvo que arrastrarlo a la cueva para curarlo.

–Pero ¿cómo has dejado que te hagan todo esto?

–¿No me habías dicho que dejara de matar para saldar mi deuda? —se quejó amargamente el animal.

–Mira que eres tonto —dijo ella—, tener sentimiento de culpa no es lo mismo que sentir vergüenza. La gente es la gente y tú siempre serás un lobo, no lo olvides. Te dije que dejaras de matar, pero no que dejaras de gruñir. (31)

La manera más eficaz de instalar la culpa en un niño

Veamos una puesta en escena, con un toque de teatralidad, de cómo se instala la culpa. Imaginemos que un niño, sin darse cuenta, tumba un jarrón de gran valor. El tatarabuelo lo había traído de la China y todos se sentían orgullosos de poseerlo. Pero nuestro protagonista, en un juego de pelota dentro de la casa, que estaba radicalmente prohibido, le pega al objeto y lo hace añicos. Si la madre o el padre aplican la culpa como método de control para "que no vuelva repetirse" harán probablemente el siguiente despliegue (supongamos la madre): primero mirará incrédula los restos del jarrón desparramados por el piso (mientras el niño percibe inmóvil sus reacciones), tratará de juntarlos infructuosamente y no demorará en soltar algunas lágrimas mientras dice con resignación: "El jarrón del tatarabuelo...". Mirará a su alrededor desconsolada (mientras el niño sigue inmóvil observando el curso de los acontecimientos). Luego, la señora agrega: "Lo trajo de la China...". Y luego, como el dolor de la pérdida es inaguantable, repite una y otra vez: "¡Qué desastre, qué desastre!". Esta actitud genera en el niño una serie de pensamientos: "¡Cómo no tuve más cuidado! ¡El pobre jarrón de mis ancestros!, mi mamá no merece eso, está sufriendo por mi causa, ¿por qué seré tan torpe?...", y cosas por el estilo. El niño siente un dolor vicario al ver sufrir a la madre por su conducta inadecuada y cuando ya no aguanta más, se echa sobre ella, la abraza y le dice: "Mamá, por favor, ya no te sientas mal, es mi culpa, soy un idiota, debería haber seguido las reglas, me siento muy mal, perdóname, por favor". La madre, emocionada positivamente por la reacción y el reconocimiento manifiesto del hijo de su error, lo abraza y le dice con ternura: "No te preocupes, tranquilo, no importa, qué le vamos a hacer". El mecanismo es perverso y cruel: ante el harakiri verbal del niño, la mamá no sólo deja de quejarse (refuerzo negativo, ya que le quita un aversivo), sino que lo abraza (refuerzo positivo) por considerarse un mal hijo, un torpe o un irresponsable.

Si esta escena se repite en otros ámbitos de la vida y con cierta frecuencia, el niño aprenderá que autoagrediéndose recibirá refuerzo y será una persona aceptada por los demás. Esto instalará en él un chip de control mental: "No quiero volver a sentirme mal (el sentimiento de culpa duele), no quiero decepcionar a los que esperan cosas buenas de mí", y por miedo a sentirse culpable tratará de no cometer ninguna transgresión. El resultado es el típico ladrón educado por la culpa, que cuando va a robar una caja fuerte no siente nada de ansiedad en el momento de perpetrar el asalto, pero un rato después, cuando ya está llegando a su casa con el botín, le cae encima el peso de la culpa y devuelve el dinero.

En todo este proceso hay una variante, que consiste en retirar al niño "transgresor" el afecto por parte de sus padres, hasta que se autocastigue públicamente y reconozca que es poco menos que un desastre de persona. Cuando esto ocurre, los padres vuelven a expresar su amor a manos llenas.

Este aprendizaje es mentalmente insalubre, además de sádico. El niño aprenderá que lo quieren y lo aman sólo si sigue las normas o se flagela de forma abierta cuando las viola. Puro chantaje emocional, una vez más, socialmente aprobado por la cultura.

Conclusión de todo este manejo: *para ser "superbueno" debes sentirte y reconocer que eres "supermalo" y fustigarte (culpa). Entonces el mundo te acogerá como un hijo pródigo: limpio moralmente y psicológicamente "perfecto".*

Una segunda vía educativa más saludable: aprendizaje por convicción y valores

Para que no te "culpes por transmitir culpa a tus hijos" (una culpa al cuadrado), puedes tomar una vía alternativa de educación y formación y hacer que adquieran un autocontrol sano sin martirizarlos sofisticadamente.

Es muy sencillo, no tienes que hacer un posgrado en ninguna universidad especializada para comprenderlo, simplemente activa tu dimensión ética y échala a rodar. Define o conceptualiza una visión del mundo personal, ya sea religiosa, política o social sobre lo que pienses que es correcto e incorrecto y compórtate de acuerdo con ello. Sé fiel a tus principios, sin ser rígido. Que lo que te mueva no sea el fundamentalismo, sino la *convicción razonada y razonable*, una conclusión sobre lo que es la decencia. Por ejemplo, si asumes como tuyo el precepto de "no matarás", lo cumplirás no por miedo a que te arresten o porque el sentimiento de culpa no te dejaría vivir, sino simplemente porque estás *convencido* de que está mal hacerlo. Valoración profunda: tu mente dirige la acción, tus creencias se vuelven rectoras de tu vida *por elección* y no por obligación impuesta desde fuera. Insisto: eliges no para evitar sentirte culpable, sino porque quieres actuar de acuerdo con un código de principios que te satisface: un valor que has aprendido del ambiente inmediato que te rodea y del mundo en general. Si hacemos que nuestros hijos aprendan a tener criterios cognitivos éticos, fundamentados en premisas claras, sabrán analizar los pros y los contras de sus decisiones. Si como educador inculcas a los niños la capacidad de analizar críticamente por qué se debe hacer o no hacer algo, si los llevas a pensar proactivamente, ni el dogma ni el miedo ni la culpa guiarán sus comportamientos. A esto se le llama *educación en valores*: la convicción serena e inteligente por encima de la culpa, cualquiera que sea su procedencia.

Cómo perdonarse a uno mismo y cortar la cadena de la culpa irracional

Perdonarte a ti mismo no es ser autocomplaciente o autoindulgente en grado extremo ni tampoco exacerbar tus debilidades para tenerte lástima, es más bien cuidarte y estar seguro de que pese a tus faltas, errores y metidas de pata podrás comprenderte y aceptarte como eres, sin lacerarte. Perdonarte no es lavarte las manos frente a tus responsabilidades, más bien se trata de meter el dedo en la llaga para cerrarla luego de la mejor manera posible; a veces hay que revolcarse por dentro para salir a flote limpiamente. Observar nuestra verdadera condición sin autoengaños ni maquillajes en ocasiones duele, pero no hay mejor camino para crecer que el realismo constructivo: ver lo que es, sin anestesia, y resolverlo.

Detallemos algunas estrategias que te servirán para hacer a un lado los sentimientos de culpabilidad autodestructivos y perdonarte a ti mismo.

Reparte responsabilidades de manera racional: la técnica del pastel

Si vas asumiendo de manera compulsiva toda la responsabilidad de los hechos negativos que te acontecen en la vida, sin establecer matices y ponderaciones, la culpa terminará por aplastarte. Este "suicidio emocional" puede evitarse si examinas con cuidado el peso de las circunstancias que rodearon el evento negativo y lo causaron. En terapia cognitiva a esta estrategia se la conoce como *técnica del pastel* y consiste, precisamente, en establecer "porciones de responsabilidad", incluyéndose uno mismo como uno de los factores causales. Por lo general, los pacientes propensos a los sentimientos de culpabilidad suelen echarse encima todo el fardo de la responsabilidad y asumen el ciento por ciento de lo negativo (el pastel entero). Lo que hace el terapeuta es tratar de repartir responsabilidades y sacar "porciones de posibles causas" de diversa procedencia, con el fin de disminuir el peso de la culpa personal injustificada para que se asuma lo que realmente le corresponde. Veamos un caso.

Josefina era una mujer de cuarenta y ocho años que había sufrido la pérdida de un hijo adolescente. El joven había muerto por una sobredosis de anfetaminas y la mujer, después de dos años del trágico suceso, aún se atribuía la "culpa total" de lo ocurrido. Sus argumentos eran muchos y de distinta índole; por ejemplo, que no le había prestado suficiente atención a su hijo, que debería haber hablado más con él y que no había sabido leer las señales que, supuestamente, enviaba el joven para pedir ayuda. Como sea, ella pensaba y aseguraba que su hijo había fallecido por su culpa.

Lo que se hizo terapéuticamente, una vez que se conocieron bien los hechos por medio de entrevistas con amigos del difunto y familiares diversos, fue establecer posibles causas y ponderar de manera objetiva su influencia en el triste acontecimiento. Muestro parte de un diálogo que se tuvo con la señora, que sirvió luego para intervenir más a fondo.

> Terapeuta [T]: ¿Usted cree que es totalmente culpable por lo que le ocurrió a su hijo? Es decir: ¿se siente *totalmente* responsable por el fatal desenlace?
>
> Paciente [P]: Sí... (*sollozos*). Sí... No me cabe duda... Debería haber hecho mejor las cosas...
>
> T: ¿Usted piensa que podría haberlo evitado?
>
> P: Sí, así lo pienso... Y no me lo perdono...
>
> T: ¿Le parece bien que analicemos las posibles variables que podrían haber intervenido en lo que ocurrió?
>
> P: ¿Usted cree que eso me ayudará?
>
> T: Sí, pienso que sí...
>
> P: Bueno...
>
> T: ¿No cree que también las malas amistades de su hijo pueden haber influido?
>
> P: Sí, creo que sí... Yo debería haberlo impedido...
>
> T: No es nada fácil si el joven tiene diecisiete años y es rebelde... Sin embargo, por lo que me ha contado usted, lo intentó, no se quedó de brazos cruzados... ¿verdad?
>
> P: (*Silencio.*)
>
> T: ¿Cuánto cree que influyeron las amistades en todo esto?
>
> P: Mucho.
>
> T: ¿Le ponemos un porcentaje?, ¿cuarenta por ciento le parece bien? ¿Más, menos?
>
> P: No sé... Puede ser...
>
> T: Muy bien, así que en este gráfico circular inicial donde usted aparecía con cien por ciento de responsabilidad, vamos a quitarle un trozo de cuarenta por ciento...
>
> P: Podría ser... Los amigos eran un desastre...

T: Yo creo que había otra variable y no quiero que lo tome a mal. Me refiero a la personalidad alegre y extrovertida de su hijo, que si bien era una buena persona, siempre le gustaron las emociones fuertes, ¿o me equivoco?

P: Siempre fue así... Pero él es una víctima...

T: Nadie lo duda, lo que digo es que usted no podía controlar esa tendencia en él. Por eso pidió ayuda profesional. ¿No cree que su manera de ser también influyó?

P: (*Silencio.*)

T: ¿No cree?

P: Es posible...

T: Yo le pondré veinte por ciento de responsabilidad sobre lo ocurrido a esta variable. ¿Estaría de acuerdo?

P: No sé, estoy confundida... Quizás influyó... Él vivía todo muy intensamente...

T: Quitándole ese veinte por ciento, su responsabilidad personal en el hecho ha quedado reducida a un cuarenta por ciento. Pero hay algo más: la ausencia del padre. Su exmarido se lavó las manos respecto del hijo. Quizás un modelo masculino podría haber ayudado.

P: Se fue un día cualquiera y se olvidó de nosotros... Ese animal...

T: Usted tuvo que trabajar y sostener a su familia. Hizo lo que pudo, intentó hablar con su hijo infinidad de veces, pero él no la escuchaba, lo ingresó a una clínica de desintoxicación, sufrió a su lado y siempre le tendió la mano. Podría haber hecho las cosas mejor, es verdad, pero nunca se dio por vencida.

P: (*Llanto.*)

T: (*Después de un rato.*) Yo podría seguir agregando variables que atenuarían su responsabilidad en el asunto: el expendedor de droga, la falta de control de drogas por parte del gobierno, el poco seguimiento del colegio, la complicidad de la chica que era su novia, y así. Usted lo que hizo fue quererlo con todas sus fuerzas y cuidarlo hasta donde él dejaba que lo hiciera. Revisando todo esto creo que debería ser menos dura con usted misma.

P: (*Entre sollozos.*) ¡Ayúdeme por favor! Yo sé que el dolor de su pérdida nunca desparecerá, pero quiero aprenderlo a llevar... Y sí, quizás he sido muy dura conmigo misma, pero no sé cómo ser de otra manera...

T: Yo la ayudaré.

Perdonarse es ser justo con uno mismo. Asumir lo que haya que asumir, pero no exagerar y aniquilarse en el intento. Se trata de comprender lo sucedido y analizar los hechos lo más objetivamente posible y con la mayor autocompasión.

Reconocer el error sin autodestruirte

Explicar no es justificar: determinar las causas de un hecho (*explicación*) no avala ni valida éticamente el error (*justificación*). Aun así, la explicación de lo ocurrido ayuda a perdonarse a uno mismo. Me refiero a una aceptación tranquila, sin autodestrucción. Dicho de otra forma: reconocer limpiamente la falta, verla de frente (no esconderse en pretextos y evasivas que terminan en autoengaños), pero sin lastimarse y, de ser posible, actuar con empatía. Si no te autocastigas es más fácil perdonarte.

Otorgarte una segunda oportunidad: fijar metas para no recaer

Si has metido la pata por primera vez, sea lo que sea, regálate una segunda oportunidad. La mejor manera de hacerlo es recapacitar sobre el porqué y el cómo, revisar las causas que te llevaron a cometer el error y fijar nuevas metas de recuperación. Se trata de "no recaer", en esto debes concentrarte. Si la gente o las circunstancias te niegan una segunda oportunidad, pues dátela tú mismo. No siempre es posible hacer un borrón y cuenta nueva, pero lo importante es que en la próxima ocasión haya plena conciencia del compromiso que estableciste contigo mismo. Hazlo por ti: perdónate y prométete que no volverá a ocurrir.

No dejes cosas inconclusas contigo mismo

No dejes cosas inconclusas respecto a ti mismo, al mundo y a los demás. Los hechos negativos que nos afectan y necesitan solución no pueden postergarse por dos sencillas razones: bloquean tu funcionamiento interno y con el tiempo crecen y echan raíces. Uno piensa que dormitan en el olvido de una memoria selectiva y, sin embargo, suelen estar agazapados, listos para pedirnos cuentas y exigirnos respuestas.

Lo ideal es no dejar nada abierto, sin resolver o a medio terminar, sobre todo cuando se trata de tus odios, rabias, rencores o guerras intestinas. Y una manera de cerrarlos definitivamente y que ya no estorben es reparar, arreglar o compensar nuestras discrepancias interiores. Resolver los conflictos, pacificar y llegar a acuerdos con tu propio "yo". Posees un "yo" con la capacidad de confrontarse, de pensar sobre sí mismo y modificarse en consecuencia. Esto es justamente lo que nos hace humanos: pensar sobre lo que pensamos.

No utilices categorías globales para autoevaluarte

No te odies ni reniegues de ti. Una forma de tratarte con respeto es no utilizar categorías globales, como ya vimos. Para iniciar el camino del autoperdón es importante criticar tus conductas aisladas sin tocar tu esencia. No eres un idiota: simplemente te equivocaste. No eres un cerdo: sencillamente estás comiendo mal. No eres poco considerado con el tiempo de los demás, simplemente llegaste tarde hoy. Cuando hayas eliminado las etiquetas que has construido para aplastar tu autoestima se abrirá una posibilidad de perdonarte más fácil y amigablemente.

Familiarízate con el "desgaste por sufrimiento" y si puedes aplícalo

En ocasiones el culposo crónico deja de flagelarse sencillamente porque se cansó de sufrir. Se hartó de darse palo y de pronto decide hacer las paces consigo mismo. Y nace la magia de la aceptación incondicional, así no seas perfecto: "Me acepto como soy" o "Si hice algo malo, reparo y me perdono". Paz interior y amor propio, junto y potenciado. Un paciente me decía: "Llevo más de cuarenta años destruyéndome a mí mismo, despreciándome porque me casé con quien era la novia de mi hermano. Ayer me cansé de castigarme y me perdoné. Analicé muchas cosas y la conclusión más importante es que aunque haya hecho algo malo, ya pagué con creces. Merezco ser feliz". Quererse a uno mismo es un antídoto contra la culpa autodestructiva. Cuando el cansancio de sufrir o el desgaste del sufrimiento se manifiestan, la autoestima hace su aparición y se multiplica. El hastío, cuando llega con la fuerza suficiente y está bien encaminado, es liberador.

Aprende a separar responsabilidad racional de culpa autodestructiva

Retoma el comienzo de esta sección y repasa las diferencias que existen entre responsabilidad adaptativa y responsabilidad autodestructiva (culpa). Aplícalas a tu caso y trata de ver cuál utilizas. Si lo haces seriamente, te volverás experto en la materia y crearás inmunidad al autocastigo originado en la culpa. Pásate a la responsabilidad racional y constructiva. Revisa tu memoria autobiográfica en busca de situaciones culposas y trata de establecer, con cabeza fría, los atenuantes para que te hayas comportado de aquella manera.

Combatir el odio a uno mismo: amor propio y supervivencia

Perdonarse a uno mismo puede verse como un ejercicio de supervivencia y conservación. Basta ver las heridas y el dolor que genera el odio por uno mismo para cambiar de actitud. No hay nada más antinatural. Como decía Spinoza: "Todo ser vivo persevera en su ser", es decir, quiere vivir, quiere existir. Lo opuesto del odio dirigido al "yo" es el autoamor, la congratulación y la felicitación por lo que eres, con tus bondades y tus defectos. Reinventarse desde el amor propio requiere no guardar rencor frente a uno mismo para comenzar a crecer sobre un terreno seguro y próspero. Tu naturaleza es vivir más y mejor y esto no es posible si no te perdonas, si no haces a un lado el rencor que te tienes por no ser como te gustaría ser. Límpiate, queda en paz y a salvo con tu historia y tu vida, defiéndelas, cultívalas. Pocas cosas te hacen tan imperfecto como la culpa, aunque el mandato social nos venda otra cosa.

PREMISA LIBERADORA VIII

NO TE OBSESIONES POR EL FUTURO: OCÚPATE DE ÉL, PERO NO DEJES QUE TE ARRASTRE

Me preocupa el futuro, es donde voy a pasar el resto de mi vida.
WOODY ALLEN

Atrapado en el futuro

Una sentencia transmitida por los que practican la anticipación catastrófica es como sigue: "El futuro ataca por la espalda, y si no tienes todos los sentidos puestos en él, te encontrará fuera de base y te destruirá". Categóricamente funesto. ¿Cómo no vivir asustados si nos tomamos en serio esta premisa? Su contenido conlleva una mezcla de pesimismo y estado de alerta roja permanente, lo cual te aleja del presente "por si acaso". Desde esta óptica, la seguridad consiste en anticipar tragedias y estar siempre listo, como la gente que tiene sótanos llenos de comida, agua y demás implementos de supervivencia por si llega la tercera guerra mundial. No cabe duda, nos meten miedo anticipatorio todo el tiempo. Basta ver la televisión una tarde cualquiera para ser víctima de una forma de publicidad terrorífica que nos implantan "preventivamente" a favor del consumismo: amenazas de gérmenes, enfermedades potenciales, insectos gigantes que atacan la cocina, quiebras económicas, vejez y arrugas prematuras, nalgas enrojecidas de bebés que sufren y gritan, pelos resquebrajados y sonrisas repletas de caries... ¡qué pesados! ¿Cómo no preocuparse por el mañana ante semejantes pronósticos?

    La mente, motivada por la cultura de la anticipación fatídica, se aferra al control de lo peor que podría ocurrir y hay que evitar a toda costa. El *mandato irracional perfeccionista* que nos empuja hacia este porvenir oscuro y altera nuestra tranquilidad es como sigue:

> Hay que estar preparados para lo peor e intentar tener el futuro bajo control

Si eres una persona muy sosegada es probable que la sospecha de irresponsable caiga sobre ti: "¿Es que no ve lo que se avecina?". La prevención obsesiva, el recelo y la ansiedad, que casi siempre andan juntos, son considerados por muchos un conjunto de virtudes que deben tener las personas responsables, sensatas y maduras; dicho de otra forma: *la aprensión como un símbolo de adecuación social y eficiencia*. Lo que no se nos dice es que vivir con un "pronóstico reservado" todo el tiempo genera estrés al por mayor y te enferma.

Promover el mandato anterior es una manera de institucionalizar la paranoia ante el destino y dar un voto de confianza a las "aves de mal agüero". Mucha gente, acostumbrada al estilo catastrófico, cuando observa que las cosas le van bien, lo que se dice una "buena racha", suele pensar: "Todo está marchando *demasiado* bien, seguro va ocurrir algo malo". Pronósticos dañinos de mentes pesimistas. ¿Resultado? Negatividad de la peor, que no siempre podrás esquivar si no estás preparado. No defiendo un optimismo bobalicón ni un positivismo ingenuo, pues, como veremos, los dos extremos son contraproducentes: el pesimismo de línea dura te hará desplegar una artillería defensiva inútil y la convicción de que todo irá "siempre bien" te llevará a cruzarte de brazos y a esperar que el universo decida por ti. Una posición intermedia funciona mejor.

La sociedad de la anticipación catastrófica es una industria de patología ambulante que llena los bolsillos de las casas farmacéuticas. No tienes por qué aceptar este mandato. A diferencia de lo que te han enseñado, posees la capacidad de relacionarte con el futuro de una manera mucho más saludable y relajada. Veamos detalladamente este cambio de estrategia en lo que queda del capítulo.

Preocupación productiva *vs*. preocupación improductiva

¿Quién no se ha angustiado por el futuro alguna vez? Incluso los que ponen cara de maestros trascendidos han tenido que enfrentar unos cuantos pensamientos que escapan de su control y les generan ansiedad. La mente humana fluctúa inevitablemente entre pasado y futuro, y aunque pasa por el presente unos segundos, sigue de largo (cualquiera que haya meditado alguna vez sabe de qué hablo). Es algo inherente al aspecto cognitivo del cerebro que emerge en el salto evolutivo del animal al *homo sapiens: pensar es viajar por el tiempo.*

Nadie nos ha enseñado a manejar la preocupación (la matemática, la física y la química ocupan más lugar en los *pénsums* académicos que aprender a vivir), a calibrarla y a no caer en la desesperación. Dicho de otra forma: ser *racionalmente previsor*, sin dejarse llevar por el *tremendismo*. No tenemos un esquema de referencia para saber cuándo exageramos y cuándo somos racionales en los vaticinios, ni tampoco se nos enseña a diferenciar entre una preocupación sana y una enfermiza

Cuando sugiero que sería mejor bajar la actividad anticipatoria de la mente para quedarnos más tiempo en el presente no significa que te conviertas en una especie de "ternero iluminado" que no ve más allá de sus narices, sino que sepas afrontar y disminuir los estragos de una ansiedad inútil y fuera de control. Enfoquemos tres interrogantes básicas, sobre las cuales la mayoría de la gente carece de información.

1. ¿A qué nos referimos exactamente cuando hablamos de preocupación?

La preocupación se define como *la idea persistente e intrusiva de que las probabilidades de una amenaza futura son muy altas y que los recursos con los que se cuenta para hacerle frente son insuficientes o infructuosos*. Es decir, una tragedia griega anticipada, un apocalipsis diseñado a la medida. En el fondo, preocuparse tiene un objetivo fundamental: buscar la solución a un problema anticipado difícil de resolver. De ahí que la persona esté horas y horas mascullando el posible desenlace desde todos los puntos de vista, una y otra vez.

2. ¿Toda preocupación es mala o nociva?

La sugerencia que hace la terapia cognitiva es aprender a discernir entre *preocupación saludable* (moderada, adaptativa) y *preocupación nociva* (exagerada y no adaptativa). La siguiente tabla te ayudará a separar la una de la otra.

PREOCUPACIÓN IMPRODUCTIVA	PREOCUPACIÓN PRODUCTIVA
Focalizada en hechos abstractos y poco probables	Focalizada en hechos objetivos y probables
Consume una gran cantidad de tiempo	Consume un tiempo moderado
Genera una ansiedad exagerada y poco manejable	Genera una ansiedad leve y manejable
Magnifica las amenazas	Ve las amenazas de manera realista

PREMISA LIBERADORA VIII

Poca confianza en uno mismo: baja autoeficacia	Confianza en uno mismo: alta autoeficacia
No se tolera la incertidumbre	Se tolera la incertidumbre
No se intenta generar soluciones racionales	Se intenta generar soluciones racionales
Sensación de pérdida de control	Sensación de que se tiene el control

Como puedes observar, la preocupación "improductiva" te hace perder el tiempo y te enferma, mientras la "productiva" te pone en alerta para actuar y resolver problemas "reales" de manera anticipada.

3 | ¿De qué manera una preocupación productiva puede ser útil?

Una preocupación normal, bien estructurada, te prepara para las contingencias y asume los imponderables como desafíos por resolver, sin magnificar. Hay trabajo y esfuerzo equilibrado, buscando un resultado sin desesperación. No improvisas, sino que administras tus fuerzas y recursos para hacerlo lo mejor posible y estar listo. La preocupación productiva no te inmoviliza, te pone a trabajar, sin dramas absurdos. Lee el siguiente relato y obtén tus conclusiones:

> Había una vez, en la antigua China, un extraordinario pintor cuya fama atravesaba todas las fronteras. En las vísperas del año del gallo, un rico comerciante pensó que le gustaría tener en sus aposentos un cuadro que representase a un gallo, pintado por este fabuloso artista.
>
> Así que se trasladó a la aldea donde vivía el pintor y le ofreció una muy generosa suma de dinero por la tarea. El viejo pintor accedió de inmediato, pero puso como única condición que debía volver un año más tarde a buscar su pintura. El comerciante se amargó un poco.

Había soñado con tener el cuadro cuanto antes y disfrutarlo durante el año signado por dicho animal. Pero como la fama del pintor era tan grande, decidió aceptar y volvió a su casa sin chistar.

Los meses pasaron lentamente y el comerciante aguardaba que llegase el ansiado momento de ir a buscar su cuadro. Cuando finalmente llegó el día, se levantó al alba y acudió a la aldea del pintor de inmediato. Tocó a la puerta y el artista lo recibió. Al principio no recordaba quién era.

–Vengo a buscar la pintura del gallo.

–¡Ah, claro!

Y allí mismo extendió un lienzo en blanco sobre la mesa, y ante la mirada del comerciante, con un fino pincel dibujó un gallo de un solo trazo. Era la sencilla imagen de un gallo y, de alguna manera mágica, también encerraba la esencia de todos los gallos que existen o existieron jamás. El comerciante se quedó boquiabierto con el resultado, pero no pudo evitar preguntarle:

–Maestro, por favor, contésteme una sola pregunta. Su talento es incuestionable, pero... ¿era necesario hacerme esperar un año entero?

Entonces el artista lo invitó a pasar a la trastienda, donde se encontraba su taller. Y allí, el ansioso comerciante pudo ver cubriendo las paredes y el piso, sobre las mesas y amontonados en enormes pilas hasta el techo, cientos y cientos de bocetos, dibujos y pinturas de gallos, el trabajo intenso de todo un año de búsqueda. [32]

El personaje del cuento no se desorganizó a sí mismo, no evitó la tarea, no la olvidó, ni desarrolló ansiedad bloqueadora, más bien, la expectativa funcionó como un motivador que lo llevó a ensayar cientos de gallos, hasta pulir una habilidad que aplicó llegado el momento: se entrenó. *El fenómeno de espera fue constructivo.* Si estás invadido por una preocupación improductiva la ansiedad no te dejará funcionar, no verás la situación por venir como un reto, sino como una obligación aplastante o como intimidación destructiva que te incapacitará.

La técnica del "mal adivinador"

La técnica del "mal adivinador" consiste en contrastar tu capacidad real para predecir o presagiar eventos dañinos futuros mediante una *lista de catástrofes anticipadas* hecha por ti mismo. Durante al menos un mes, cada vez que se te ocurra un pronóstico negativo, anótalo en un cuaderno. Describe con lujo de detalles la profecía en cuestión: qué sucederá, cómo y sus consecuencias. Registra cada mal augurio durante ese tiempo y entrégate al peor de los pesimismos, a ver qué pasa. Tú simplemente te limitarás a escribir. Al cabo del mes, observa cuántas de esas anticipaciones catastróficas se cumplieron. Debes estar muy pendiente de tus pensamientos "predictivos", no dejar escapar ni uno y que queden asentados sobre el papel. Si todas tus predicciones negativas se realizaron, cambia de profesión y monta un consultorio astral, pero si eso no ocurre, que es lo más probable, aprenderás algo fundamental: tus cualidades de "especialista en anticipar calamidades" dejan mucho que desear. Puedes repetir el ejercicio varias veces para convencerte. Lo importante es que reconozcas humildemente que el futuro no resultó tan nefasto como lo veías venir. El mandato irracional perfeccionista te dice: "¡Sé obsesivo, nos gustan los obsesivos, son un ejemplo a seguir, hacen del control un culto!", y te atrapa en un estilo donde el estrés es el que manda. La premisa liberadora te saca de este absurdo esquema y te abre un mundo más realista donde no vales por lo que anticipas, sino por lo que haces en el aquí y ahora.

Habitar el presente: dos relatos para reflexionar

- Recuerdo que un profesor de "comportamiento humano", así se llamaba la materia en aquella época en el colegio donde estudiaba, me dijo en tono profético y a manera de consejo: "Tu mente debe estar siempre y a toda hora preparada y lista para los imponderables del futuro". Yo tenía once años y se me vino a la cabeza la imagen del fin del mundo y de una guerra inevitable, además de una profunda sensación de desconfianza generalizada. Mi pensamiento de niño fue: "Si debo estar siempre listo para la lucha es que lo que se viene es complicado". ¡Qué fácil es instalar información negativa en una mente en formación y qué difícil retirarla luego! Con instrucciones como ésa, sin matices de ningún tipo, no es de extrañar que la preocupación excesiva se asiente en el cerebro desde temprana edad y eche raíces.

Una maestra de preescolar observó que una niña de su clase se hallaba extrañamente triste y pensativa.
–¿Qué es lo que te preocupa?
–¡Mis padres! Papá se pasa el día trabajando para que yo pueda vestirme, alimentarme y venir a la mejor escuela de la ciudad. Además, hace horas extra para poder enviarme algún día a la universidad. Y mi mamá pasa el día cocinando, limpiando, planchando y haciendo compras para que yo no tenga de qué preocuparme.
–Entonces, ¿cuál es el problema?
–Tengo miedo de que traten de escaparse. [33]

- No digo que no debas proyectarte en ningún sentido, lo que sostengo es que podemos adelantarnos en el tiempo sin tanta ansiedad, sólo con lo necesario para prever sanamente, planear y disfrutar de los sueños. Dicho de otra manera: "estar en el futuro" sin tanta desesperación. Que quede claro: sin aspiraciones y sin ideales serás como un vegetal, pero si tus pensamientos anticipatorios son perturbadores y compulsivos no encontrarás sosiego. Los animales, a excepción de algunos chimpancés, se mueven por el reflejo condicionado. Ése es su mañana: un poco más allá de lo inmediato. Su incipiente mente no vuela como la nuestra, no saben que morirán, no presagian, sólo responden y anticipan lo que la fisiología, a través de los estímulos inmediatos, les indica. Pero en el caso de los humanos, adelantarse sin límite es casi inevitable.

En realidad, la función de "prever" trabaja como un arma de doble filo: por un lado fomenta nuestra imaginación creativa y la ciencia ficción personalizada (si no se nos va de las manos); por el otro, genera inquietud, desasosiego, impaciencia, cuando se convierte en patología (ansiedad generalizada, trastorno de pánico, trastorno obsesivo compulsivo). La consigna es clara: lleva tu mente hacia adelante sin extraviarte en el camino y sin perder la facultad de "regresar" cuando haya que hacerlo. De no ser así, "lo que vendrá" acabará con todos tus recursos adaptativos y no sabrás volver al presente.

–Maestro, ¿dónde está Dios?

–Aquí mismo.

–¿Dónde está el paraíso?

–Aquí mismo.

–¿Y el infierno?

–Aquí mismo. Todo está aquí mismo. El presente, el pasado, el futuro, están aquí mismo. Aquí está la vida y aquí está la muerte. Es aquí donde los contrarios se confunden.

–¿Y yo dónde estoy?
–Tú eres el único que no está aquí. [34]

Aprender a convivir con la incertidumbre

Existen muchas formas de hacer frente a la incertidumbre sin crear ansiedad o cualquier otro trastorno. Los orientales son expertos en esto. Por cuestiones de espacio sólo haré referencia a cuatro factores que si los analizas y aplicas disminuirán tu ansiedad ante lo incierto: (*a*) la "necesidad de control", (*b*) la "ilusión de control", (*c*) la estrategia de Epícteto o dejar de perseguir aquello que escapa de nuestro control, y (*d*) la sana costumbre de explorar y curiosear.

La "necesidad de control"

No se nos educa para habitar la incertidumbre, cuando hay que hacerlo. Tenemos que aceptar que así como está planteado, el programa de aprendizaje social enseña que el "fenómeno de espera" a veces es más intolerable que el evento negativo en sí. Si te sometieran a un experimento donde te taparan los ojos y tuvieras que "esperar" a que alguien te pusiera una inyección, pero no supieras cuándo, te aseguro que luego de un tiempo de incertidumbre preferirías el piquete a seguir aguantando la expectativa. Y si el experimentador fuera algo sádico y decidiera torturarte de la peor manera, ¡nunca te pondría la inyección!

La baja tolerancia a la incertidumbre ha creado en nuestra sociedad occidental una nueva aspiración: la *necesidad de control*. Ante el futuro incierto, creamos un "esquema interventor" para fiscalizar y regularlo todo y bajar la ansiedad que nos produce lo aleatorio:

una estrategia que nos hace "mejores" para un mundo que anhela la máxima intrusión posible. Además, existe un correlato de refuerzo social, bastante curioso, que incrementa esta necesidad: cuanto más control ejerzas sobre el mundo y las personas, mayor será la admiración de los que te rodean. Más te reforzarán.

Si padeces de la necesidad de control, no soportarás que nada sea incontrolable, lo sentirás básicamente en el estómago o en los músculos, que se pondrán rígidos como una piedra. Un amigo me decía: "Si algo o alguien cercano a mí escapa de mi control se me dispara el estrés". Vivía angustiado las veinticuatro horas porque el cosmos no se acoplaba a sus deseos. Algunas personas tienen verdaderos ataques de pánico ante la sola idea de quedar libradas al azar. ¿Qué hay detrás de semejante actitud? La búsqueda de la certeza y la seguridad, sobre todo esta última. Cualquier dilema, ambigüedad, doble sentido o vaguedad genera en los amantes del control adrenalina en grandes proporciones. Su peor enemigo es lo desconocido.

Una paciente, acostumbrada a ejercer control y dirigir a muchas personas en una importante y reconocida empresa, me decía: "Tengo miedo de perder la capacidad que tengo de dominar a las personas". Le respondí que la probabilidad siempre existe porque el control total es una quimera. Ella lo pensó un rato y me respondió en tono desafiante: "Pues en mi caso no". Después de conversar un rato la invité a que iniciara una terapia cognitiva para manejar su estrés, que iba en aumento. Antes de irse me preguntó cuál era el objetivo y la meta del tratamiento y le respondí con una sola palabra: "Humildad".

La "ilusión de control"

Una variación de la necesidad de control es lo que los psicólogos cognitivos llamamos *ilusión de control*, y consiste en creer que uno realmente tiene la capacidad de afectar todo tipo de hechos. Por ejemplo, quienes practican juegos de azar tienen una infinidad de creencias irracionales al respecto. Algunos piensan que si toman los dados de cierta manera tendrán más probabilidad de que salga la combinación esperada, o si se concentran en determinada carta harán que aparezca de primera en la baraja, o si piensan en determinado número será más probable que salga en la ruleta. Y el montaje de estas creencias no parece tener fallas; si no obtienen los resultados esperados se justifican a sí mismos diciendo que no tomaron bien los dados o que les faltó concentración o que no visualizaron adecuadamente el número. Autoengaño y supersticiones suministradas por una mente que sueña con influir sobre las cosas mágicamente.

> Cada día, poco antes de las nueve, un hombre con un gorra roja va a una plaza y se pone a agitarla violentamente de un lado a otro. A los cinco minutos desaparece. Un día se le acerca un policía:
> –¿Qué hace usted en realidad?
> –Espanto jirafas.
> –Aquí no hay jirafas.
> –Ya, es que hago un gran trabajo. (35)

Lo siento, pero no tienes superpoderes. Tienes un papel importante en la escala evolutiva, pero no eres una mutación como los *X-Men*. Más bien, eres una maravillosa criatura humana que en ocasiones no se acepta como es y se autoexige de manera irracional. ¿Quieres sentir realmente alivio y tranquilidad? Deja que la mayoría de las cosas que te rodean sigan su curso, no intervengas si no es estrictamente necesario, da un paso atrás y juega a convertirte en un simple observador, uno que no trata de mezclarse con lo observado, como diría Krishnamurti.

PREMISA LIBERADORA VIII

La estrategia de Epícteto o dejar de perseguir aquello que escapa de nuestro control

Los estoicos, con Epícteto a la cabeza, conocían y aplicaban muy bien una máxima que para mí consiste en una de las claves de la sabiduría (la otra es: "desear sólo lo que se tiene", que viene de Epicuro). La máxima sugiere: *aprender a discernir qué depende de ti y qué no depende de ti.* Una mezcla extraordinaria de humildad y realismo. Te invito a utilizar esta premisa, que no es tan difícil de aplicar. Se trata de separar qué cosa depende de ti y es importante (y de ser así, luchar hasta el final) de aquello que definitivamente no depende de ti, hagas lo que hagas (y de ser así, soltarlo y "aceptar humildemente que no se tiene control sobre el asunto").

Dicho de otra forma: (*a*) si lo que deseas no depende de ti, entrégate a la pérdida y elabora el duelo y (*b*) si lo que deseas depende de ti y es importante, pelea por ello, persiste y pon a funcionar tus mejores estrategias de afrontamiento.

Veamos algunos ejemplos:

- ¿Te dejó tu pareja porque ya no te ama y se fue a vivir con la amante de muchos años? Pues créeme, ya no depende de ti que ella te ame o regrese corriendo a tus brazos (además, ¿para qué querrías que volviera?). Da un paso al costado, recoge toda la dignidad que puedas, reinvéntate y pide ayuda profesional o de la que sea (esto sí depende de ti).
- Llueve torrencialmente y estás debajo de un portal mojándote. ¿Qué harás? ¿Depende de ti que pare de llover? ¿Bailarás como un indio la danza de la lluvia? Pues de nada te sirve insultar al que predijo el tiempo por la TV, a las nubes o al cambio climático. Las quejas sobran. Busca refugio o cómprate un paraguas: *esto sí depende de ti*. También depende

de ti elegir si quieres un paraguas grande o pequeño, negro o floreado. También depende de ti otra opción, y es decirte a ti mismo: "Me importa un pepino que llueva, he decidido mojarme. Hace mucho que no juego con el agua estando vestido". Si haces esto tu psicólogo te dará de alta.

- Estás en estado de *shock* porque te echaron injustamente del trabajo debido a que el dueño de la empresa no te quiere o no le caes bien. Te pasaron una carta de un día para el otro y te sacaron por la puerta de atrás. ¿Qué harás, entonces? ¿Tratar de caerle bien al señor? ¿Le pedirás disculpas por existir y no ser de su agrado? No, ¿verdad? Pues acéptalo: no depende de ti recuperar *ese* puesto; aunque sea injusto, te indemnizó y la ley lo apoya. ¿Qué depende de ti? Luchar, investigar, sobrevivir, actuar de manera realista y buscar otro trabajo, aunque la cosa esté muy difícil. Podrías unirte a un grupo de gente que protesta por cosas similares, llevar hojas de vida, no desgastarte odiando al exjefe, en fin: tratar de salir adelante. No te quedes en lo que pudo haber sido y no fue.
- Se cayó internet. *Depende de ti* averiguar qué paso y llamar a la empresa que te presta el servicio, y *no depende de ti* que funcione otra vez por obra y gracia de tu pataleta o cualquier comportamiento supersticioso. Resulta que te dicen que irán a reparar la avería dentro de dos días y tú, como buen adicto, piensas: "¡Dos días sin navegar! ¡No sé si podré!". Pues podrás, como todos. Pero la desesperación empuja y llamas a protestar, y te dicen que si sigues molestando irán en una semana y no en dos días. Conclusión: no hay de otra. Sólo te queda guardarte el orgullo en el bolsillo, buscar algún café cerca que tenga WiFi y prepararte para el síndrome de abstinencia. ¿Qué depende de ti? No angustiarte y aprender a navegar en la realidad y no en una pantalla. No digo que te

sientas feliz por la ausencia de internet, sino que te armes de paciencia y trates de que, paradójicamente, la "desconexión" de la tecnología te "conecte" a otras cosas que a lo mejor tenías olvidadas.

La sana costumbre de explorar y curiosear

La gente que teme al futuro y es pesimista odia explorar. Lo conocido y estable les brinda una gran seguridad, porque si nada cambia, todo es predecible. Su mayor aspiración es la rutina eterna, como ocurría en la película *El día de la marmota*, donde el personaje está condenado a repetir el mismo día para toda la eternidad. Lo que te propongo es activar la bella costumbre de investigar qué hay detrás de lo evidente. Si te mueves con la premisa de "más vale malo conocido, que bueno por conocer" te estancarás y tu vida se convertirá en algo insípido y sin creatividad. Creces en la medida en que te atreves a ir más allá de los límites de las convenciones, cuando eres capaz de ensayar lo que los demás temen. ¿Quieres perder el miedo al futuro? Entonces invéntate momento a momento, bucea en tu mente y en la realidad, salte de los mandatos irracionales que te inducen a ser el mayor de los controladores.

Hay personas que nunca descubren nada y cuando te las encuentras al cabo de los años son psicológicamente exactas a lo que siempre han sido. No han cambiado un ápice. No han ampliado su repertorio conductual ni emocional ni cognitivo. El temor a lo diferente y a ensayar las llevó a construir un nicho en el cual se sienten seguras porque nada nuevo ocurre. El principio que las mueve es como sigue: "A más novedad, más estrés". No son "despreocupadas inteligentes", sino preocupadas, infelices y con el freno de emergencia puesto (por las dudas). ¡Por favor, no te parezcas a ellas! Vuélvete un experimentador atrevido, un buceador a pulmón libre, hasta que la vida se queje: "¡Basta, ya no me estrujes tanto!". Los mandatos irracionales perfeccionistas giran sobre la idea de portarse bien, para supuestamente ser felices y avanzar. Pero sin rebeldía seremos réplicas aburridas de un automatismo socialmente aceptado y aclamado.

Adoptar un realismo inteligente

El peligro del pesimismo crónico

La *exigencia irracional perfeccionista sobre el futuro* nos dice que hay que estar preparados para lo peor y eso aparentemente suena bien desde un punto de vista preventivo, el problema está en que si lo tomamos al pie de la letra, de tanto mirar el bosque no podremos ver los árboles ni las flores ni los días de sol: estaremos concentrados exclusivamente en lo preocupante.

Los pesimistas, que ven todo negro, a la larga o a la corta se deprimen porque entran en la desesperanza más oscura. Si sólo tienes ojos para lo malo, terminarás por pensar que el mundo es un infierno (reconozcamos que no es el paraíso, pero tampoco es el fuego eterno). No hay pesimismo sin negativismo, y juntos crean una visión en túnel que es la que caracteriza a los melancólicos y a los depresivos. Este sesgo sombrío tiene además un componente adicional: es contagioso. Si alguna vez has convivido con alguien depresivo/pesimista/negativo, sabes a qué me refiero: sus argumentos van calando de manera inconsciente y, de pronto, la sonrisa que te acompañaba semanas atrás se debilita y el brillo que tenías en tus ojos se va apagando.

El pesimista, sin proponérselo, te quita energía, te seca por dentro, te adormece el alma. Ante la mejor de las noticias, su respuesta

PREMISA LIBERADORA VIII

será el matiz, la excepción y la salvedad. Un insoportable y reiterado: "Sí, pero...". Recuerdo a un paciente extranjero que no podía adaptarse al país donde residía después de llevar viviendo más de treinta años en él. Cada argumento positivo mío era rebatido por algún elemento negativo. Si trataba de hacerle ver algunas ventajas evidentes de vivir en el trópico, él buscaba lo contrario. Por ejemplo, si exaltaba el buen clima, él argumentaba: "*Sí, pero* el calor a veces es insoportable". Cuando hacía referencia a la exuberante naturaleza, él replicaba: "*Sí, pero* no soporto los bichos". Cuando le recordaba las playas blancas y paradisiacas, se limitaba a contestar: "*Sí, pero* están muy lejos". Incluso las consideraciones a favor del estándar de vida alto que llevaba eran rápidamente desechadas: "*Sí, pero* de qué sirve tener plata si no hay dónde gastarla". No había forma. En una de las sesiones le sugerí lo que quizá pondría punto final a la cuestión: "¿Por qué no vende todo y se va a su país? La vida está hecha para que la disfrute y se sienta bien. No sufra más. En su país usted no encuentra los 'peros' que ve aquí. Lo considera más culto, más tranquilo y organizado. Creo que vale la pena intentarlo. Estamos hablando de la posibilidad de ser feliz... No lo descarte...". Luego de pensarlo algunos segundos, volvió a su inevitable esquema: "*Sí, pero* el invierno es muy duro". Salir de su depresión implicaba mirar la realidad de otra manera y no andar al compás de una especie de marcha fúnebre que acompañaba su existencia. Con el tiempo mejoró mucho, no obstante, en situaciones difíciles el viejo paradigma desmoralizador se disparaba y con él todo signo de optimismo.

A un amigo pesimista, que estaba entrando en una fase depresiva, le envié un correo con un adagio oriental para animarlo o, al menos, para que supiera que no estaba solo y que podía contar conmigo:

> No desesperes jamás,
> ni siquiera cuando

> estés en las peores condiciones,
> porque de las nubes más negras
> cae agua limpia. [36]

Al cabo de unos días le pregunté qué le había parecido y me respondió: "Lo único que pude imaginarme es que yo estaba solo, bajo una tormenta en un campo desierto, mojado y muerto de frío".

El peligro del optimismo excesivo

Lo que se opone al pesimismo es el optimismo, es decir: crear expectativas positivas frente a la vida, especialmente ante el futuro. Visto así, es la panacea y sería suficiente para contrarrestar el pesimismo que caracteriza el mandato de "esperar lo peor". Sin embargo, el optimismo mal manejado tiene un riesgo potencial, y es que a veces se lleva a un extremo exagerado, donde todo es perfecto e inofensivo.

Algunos afirman que "un optimista es un pesimista mal informado". En muchas ocasiones, una visión demasiado optimista, radical e ingenua nos acerca a la superstición, como ocurre con aquellas personas que piensan que podemos, por medio de nuestros pensamientos, conectarnos directamente con el universo y pedirle cosas si seguimos ciertas reglas (hay una especie de "técnica" para esto, porque de otra manera el universo se niega a responder).

El positivismo a ultranza puede resultar tan peligroso como el negativismo extremo si es amparado por la fe ciega o el fundamentalismo. Recuerdo que hace algunos años, cuando los boletos electrónicos aún no existían, llevé al aeropuerto a una tía de mi esposa, una mujer muy católica. En un momento del trayecto le pregunté si había traído el pasaje y me dijo, muy tranquila, que se le había perdido. Cuando le volví a preguntar por qué no nos había dicho nada, me respondió: "Dios proveerá", y levantó los hombros, en señal de "que sea lo que deba ser". Tuve que comprar otro pasaje al doble del precio. Finalmente el "proveedor" fui yo. La señora mostraba un "optimismo espiritual" sin límites, con el cual no estarían de acuerdo muchos religiosos. El siguiente relato lo atestigua.

> Un discípulo llegó a lomos de su camello ante la tienda de su maestro sufí. Desmontó, entró en la tienda, hizo una profunda reverencia y dijo:
> —Tengo tanta confianza en Dios, que he dejado suelto a mi camello ahí fuera. Estoy convencido de que Dios protege los intereses de los que le aman.
> —¡Pues sal y ata tu camello, estúpido! Dios no puede ocuparse de hacer en tu lugar lo que eres perfectamente capaz de hacer por ti mismo —lo increpó el maestro. [37]

Afortunadamente existe un optimismo más moderado y flexible que se mueve dentro de límites racionales. Uno de los mayores exponentes en el tema es el psicólogo cognitivo Martin Seligman, que en su libro *Aprenda optimismo* afirma: "Lo que queremos no es un optimismo ciego sino flexible, un optimismo con los ojos abiertos".

Veamos un relato de optimismo razonable, para que lo compares con el caso del camello y veas la diferencia entre un optimismo fuera de quicio y uno inteligente:

> Es la historia de dos vendedores de zapatos a quienes sus respectivas empresas enviaron a África para vender sus productos. Tan pronto como desembarcaron, el primer vendedor vio que todo el mundo iba descalzo y mandó un telegrama a su jefe: "Vuelvo en el primer barco. Aquí nadie utiliza zapatos".
> Una semana más tarde llegó un segundo vendedor, que se encontró con la misma situación: sólo se veía gente descalza por las calles.

Pero éste envió el siguiente telegrama a su empresa: "Me quedo aquí. Perspectivas fabulosas. No tenemos competencia". (38)

El *optimismo moderado* (es decir, el que tiene *un toque de realismo* y no sesga la información a favor de un optimismo radical) ha demostrado que tiene un número considerable de consecuencias positivas para el desarrollo humano. Entre otras cosas:

- Incrementa el autoconcepto y el bienestar personal
- Mejora el ajuste emocional
- Potencia la motivación para la acción y el cambio
- Aumenta el rendimiento académico
- La gente que practica deportes logra un rendimiento mayor
- Optimiza la capacidad laboral
- Disminuye la vulnerabilidad a la depresión
- Mejora la salud física
- Ayuda a desarrollar más afrontamiento ante el estrés de la vida diaria

Pese a estas ventajas innegables, es importante comprender que no posees tanto poder como para alterarlo todo o producir cualquier cosa en el mundo con sólo desearlo. Hace poco leí que en una entrevista televisiva le preguntaron a Rhonda Byrne, la autora del libro *El secreto*, quien postula una ley de atracción entre el pensamiento y el universo, el porqué del tsunami ocurrido en Asia en 2006. Ella respondió que con seguridad las víctimas deberían haber mandado "vibraciones tsunami". Dicho de otra manera, el desastre que ocasionó la terrible marejada ocurrió por un problema de "mala actitud" de las víctimas.

La actitud más saludable ante la vida: el realismo cognitivo

El realismo es ver las cosas como son. En su funcionamiento cabe a veces un pesimismo moderado ("No veo muchas posibilidades de que las cosas funcionen bien") o un optimismo flexible ("Creo que las cosas funcionarán muy bien"), según lo que la situación y la evidencia indiquen. Habrá momentos en que debamos inclinarnos hacia un lado o hacia el otro, según el contexto. Ese punto medio "móvil" es el realismo: *actuar frente a lo que vendrá de acuerdo con el análisis de las circunstancias*. Ni optimismo ni pesimismo descontrolado, sino adecuación a los hechos objetivos las veinticuatro horas, segundo a segundo.

Nadie niega que existan situaciones donde haya que recurrir a una alerta especial, incluso paranoica o negativa, para sobrevivir, pero nunca deberá convertirse en un estilo catastrófico generalizado: deberá ser puntual. Por ejemplo, si estás en plena guerra, en una selva, y sabes que hay francotiradores enemigos en los árboles que pueden matarte en cualquier momento, lo que menos necesitas a tu lado es un compañero de patrullaje rebosante de optimismo, que cuando vea que en lo alto de las arboledas se mueven algunas ramas, te diga: "No seas negativo, seguro es el viento". Lo que requieres a tu lado es el mayor de los paranoides y si tiene una pizca de psicopatía, mejor. Repito: lo que no hace un realista es crear anticipadamente actitudes generalizadas hacia lo malo o hacia lo bueno: lo que marca el paso es el presente y los acontecimientos verídicos que lo acompañan.

Si quieres oponerte al mandato obsesivo que te machaca una y otra vez: "El futuro es una bomba de tiempo que debes controlar para ser una persona previsora y adecuada", no tienes mejor opción que declararte realista hasta la médula. Me pregunto por qué en vez de enseñarnos a estar preocupados por todo, desesperadamente, no nos educaron para ser "más despreocupados". No hubiese costado nada: una despreocupación inteligente y responsable que nos permitiera esquivar las preocupaciones irracionales con las que nos vemos enredados a diario (que no son de vida o muerte pero que vivimos como el fin del mundo). Cierta indiferencia por lo absurdo y lo inútil, una especie de "importaculismo" productivo y relajante que nos permita vivir mejor y en paz.

Elogio a la despreocupación responsable: ¿te animas a intentarlo?

Nuestra sociedad tiene sentimientos encontrados con la gente despreocupada: en algunos genera envidia (la tranquilidad que tanto añoramos y que no tenemos); en otros, indignación, debido a que se asocia despreocupación con irresponsabilidad; y no falta quien se angustie ante tanta calma. En el entorno de competitividad y acelere en que nos movemos es posible que una persona que derroche imperturbabilidad y mucho relax nos ponga los pelos de punta, como un automovilista que va en sentido contrario y saluda sonriente a otros conductores. En todo caso, y para que te prepares, si tu mente suele navegar con frecuencia en el reposo, la evaluación negativa de tu entorno no tardará en llegar. Tu "pachorra existencial", así tenga visos de sabiduría, será considerada probablemente apatía, falta de juicio, frialdad, desinterés o desmotivación crónica; en fin, *serás moralmente criticado por los hiperactivos en turno*.

El pensamiento, no siempre consciente, de los detractores es más o menos así: "Si todos vamos a cien por hora, ¿de dónde sale este bicho raro con pinta de vago que funciona a media máquina?". Los obsesivos/compulsivos, igual que las personalidades tipo A (de las que hemos hablado antes), querrán lincharte, aunque digan otra cosa. Lo cierto es que no nos educan para lograr una "despreocupación responsable e inteligente" que nos permita desconectarnos del acelere.

La despreocupación inteligente y adaptativa es el arte de volverse nebuloso para los problemas irracionales y actuar cuando la situación lo amerita realmente. "Nebuloso" significa que cuando lleguen "dificultades no importantes", así sea en grandes cantidades, dejarás que te atraviesen y sigan de largo. No permitirás que te impacten y tu cerebro las ignorará: "Se me resbalan, me importan un rábano, *no valen la pena*".

La despreocupación inteligente y responsable no es desprenderse de todo y convertirte en un indiferente de tiempo completo, como ya dije: *es hacerte cargo de aquellas cosas del mundo que verdaderamente te interesan y son relevantes*. En el "modo despreocupado" lo que te mueve no es el deber obsesivo, sino el deseo auténtico. En un mundo donde la gente corre, tú caminas; donde todos gritan, tú susurras; donde nadie mira, tú contemplas la existencia; donde todos caen víctimas de la moda, tú la inventas para ti. Serás insoportable para el *statu quo*.

El despreocupado responsable no es egoísta, cuando se compromete, defiende a muerte sus principios y cuando no, desaparece, se esfuma. ¿Políticamente incorrecto? Pienso que no. ¿Acaso tenemos la obligación de aceptar todo lo que se nos imponga? El sociópata no es despreocupado, es esclavo de su necesidad por la estimulación fuerte y desproporcionada; el esquizoide es un ermitaño que ha hecho de la indiferencia afectiva su vida; el despreocupado sensato, en cambio, se *rebela a la anticipación catastrófica, a los modelos ansiosos y al control compulsivo*. Su actitud conlleva una apuesta cognitiva por el bienestar, por lo saludable, por la no competencia, por la no comparación. No es que no se adelante en el tiempo, lo hace de manera razonada y razonable, sin dramatizar ni ver nubarrones negros donde no los hay. Su máxima: el realismo y dar tiempo al tiempo para ver qué ocurre. Prudencia, paciencia, pero no pasividad. El siguiente relato ilustra lo que quiere significar.

> Una historia china habla de un anciano labrador que tenía un viejo caballo para cultivar sus campos. Un día, el caballo escapó a las montañas. Cuando los vecinos del anciano labrador se acercaron para condolerse con él y lamentar su desgracia, el labrador les replicó: "¿Mala suerte? ¿Buena suerte? ¿Quién sabe?".
>
> Una semana después, el caballo volvió de las montañas trayendo consigo una manada de caballos. Entonces los vecinos felicitaron al labrador por su buena suerte. Éste les respondió: "¿Buena suerte? ¿Mala suerte? ¿Quién sabe?".
>
> Cuando el hijo del labrador intentó domar uno de aquellos caballos salvajes, cayó y se rompió una pierna. Todo el mundo consideró esto como una desgracia. No así el labrador, quien se limitó a decir: "¿Mala suerte? ¿Buena suerte? ¿Quién sabe?".
>
> Una semana más tarde, el ejército entró en el poblado y fueron reclutados todos los jóvenes que se encontraban en buenas condiciones. Cuando vieron al hijo del labrador con la pierna rota lo dejaron tranquilo. ¿Había buena suerte? ¿Mala suerte? ¿Quién sabe? [39]

Si quieres hacer las paces con el futuro, entra por el camino de la despreocupación inteligente. No aceptes el juego de la multitarea, el inmediatismo o el de la hiperactividad que vimos antes. Aunque no seas el "rey de la predicción" como quiere inculcar el mandato, sabrás que vas por el buen camino: el de la "desobediencia emocional", que implica no aceptar estilos emocionales poco saludables, como es el caso de la ansiedad catastrófica. Hay que aprender a relacionarse con el futuro sin desesperación y sin angustias innecesarias. ¿Por qué no te animas? A lo mejor un "maravilloso despreocupado" anida en ti, listo a manifestarse, si le das permiso.

PREMISA LIBERADORA IX

SOMETERTE AL "QUÉ DIRÁN" ES UNA FORMA DE ESCLAVITUD SOCIALMENTE ACEPTADA

–Hay una cosa que ni siquiera Dios puede hacer —le dijo el maestro a un discípulo al que le aterraba ofender a alguien.
 –¿Y cuál es? —preguntó el discípulo.
 –Agradar a todo el mundo —dijo el maestro.

Anthony de Mello

**Los demás no validan tu persona:
¿qué te importa lo que piensen de ti?**

Ser totalmente independiente de la opinión de las otras personas es casi imposible, porque el ser humano está indisolublemente vinculado a los demás desde su misma evolución. Esto no significa que debamos llevar el "instinto gregario" al extremo de la dependencia. Si para pensar y tomar decisiones en la vida requieres del visto bueno de algunas o de la mayoría de las personas por miedo al rechazo o a quedarte solo, habrás creado una adicción al "qué dirán". Y lo peor es que se trata de una adicción que puede durar toda la vida porque se retroalimenta a sí misma. Es la misma gente la que te felicita para que acates sus normas y reglamentaciones, como si un mensaje subyacente se repitiera una y otra vez: "Bienvenido: eres de los nuestros". Cualquier parecido a un lavado cerebral *no es* mera coincidencia.

La proposición que se nos infunde desde pequeños es que los demás son más importantes que uno y son la guía y el soporte para "certificar" nuestras acciones. Más concretamente: el mandato social perfeccionista sobre "el qué dirán" introduce el siguiente mensaje en nuestro cerebro, día y noche, igual que un proceso de hipnosis:

> Si quieres ser alguien prestigioso y renombrado
> tienes que caerle bien a todo el mundo

Jamás salirte de la senda preestablecida de lo "adecuado", agachar la cabeza y sonreír, sobre todo esto último. No contradecir al que marca el paso, ser obediente y hacer siempre lo que se espera de ti. En otras palabras, el mandato es una apología de la esclavitud interpersonal. Tienes dos opciones: si te rebelas y no sigues la corriente que define y exige la mayoría, serás excluido de tu grupo de referencia; si, por el contrario, eres débil, no te quieres a ti mismo y dependes de la aprobación de los demás, serás aceptado con los brazos abiertos y, de paso, controlado. El mandato susurra: "Déjate absorber por la colectividad, acata sus normas, no te salgas del molde y serás parte del club".

¿De qué manera aprendemos a entregar la autonomía y a doblegarnos ante la opinión ajena? Desde niños nuestros progenitores, profesores y personas relevantes nos van inculcando la idea de que la complacencia, la admiración y el aplauso de la gente es lo fundamental para definir nuestra valía personal. La docilidad/conformidad se va construyendo con el *refuerzo* o la felicitación por seguir los cánones establecidos y por *imitar* los modelos socialmente valorados. La regla es simple y demoledora: *cuanto más te parezcas a los demás y menos reafirmes tu "diferencia" más aceptado serás.*

Este mismo hecho es estudiado y conocido por los psicólogos sociales como *influencia normativa*, es decir: "Seguir a la multitud para evitar el rechazo", no sólo inducido por la familia y las personas cercanas, sino también por los sistemas de comunicación. Todo esto confluye en lo que podríamos llamar el "síndrome del borrego": aceptar sin chistar y "respetuosamente" la influencia educativa de "cómo debes ser" por miedo al "qué dirán".

¿Qué hacer? Pues no queda otra que sublevarse a la necesidad de aprobación y pagar el precio de que quizás te señalen y te cuelguen un cartel que diga: "El portador de la presente pancarta es un bicho raro". Sin embargo, es importante que tengas en cuenta que *hagas lo que hagas, a la mitad de la gente no le vas a gustar.* Ésa es la estadística dura y cruda. Si te sientas en el banco de una plaza y te cruzas de brazos es probable que a la mitad de la población le caigas mal. Así que si no te quieren algunos grupos, es normal. Visto de esta manera, es mejor que no gastes energía inútilmente en tratar de agradar a todo el mundo, porque es un imposible físico.

La gente que es querida y apreciada por casi todos para mí es "estadísticamente sospechosa". Si dices honestamente lo que piensas y te comportas en consecuencia, le pisarás los callos a más de uno. Serás como un espejo que muestra lo que el otro esconde o quiere negar, por miedo, pudor o moralina. Tu individualidad es tu sello, la marca que te hace especial y humano, pero si la vulgarizas y caes en una especie de obediencia debida para "quedar bien", perderás tu esencia, así te levanten en andas. En su libro *Sobre la libertad* John Stuart Mill afirmaba: "Cualquier cosa que irrumpa contra la individualidad es despotismo, sea cual fuere el nombre que se le dé". Ahí lo tienes. Tú decides: ser víctima de la tiranía de las opiniones o ser un INDIVIDUO, con mayúsculas.

La aprobación de los demás te ata como una soga invisible. No la ves, pero te inmoviliza, porque el rechazo o la censura de tus iguales, si no estás preparado para ello, es el peor de los castigos. Veamos un relato.

Mientras alguien paseaba por el zoológico, se detuvo confundido al darse cuenta de que a los elefantes sólo los retenían con una delgada cuerda atada a una de sus patas delanteras, sin cadenas ni jaulas. Era obvio que los elefantes podían romper la soga que los ataba en cualquier momento, sin embargo, por alguna razón no lo hacían. Se acercó a un entrenador en busca de respuestas y éste le dijo:

–Bueno, cuando son muy jóvenes y mucho más pequeños, usamos una soga del mismo tamaño para atarlos y, a esa edad, es más que suficiente para retenerlos. A medida que crecen —prosiguió el entrenador— siguen creyendo que no pueden escapar; creen que la soga aún los retiene, así que nunca intentan liberarse.

La persona se quedó boquiabierta. Los elefantes podían liberarse de sus ataduras en cualquier momento pero porque creían que no podían ni siquiera lo intentaban, y eso era suficiente para mantenerlos paralizados. [40]

No es fácil desligarse de una cadena invisible o simbólica, porque lo que te ata es la creencia. La soga no está fuera, la tienes metida en tu base de datos, revuelta con las neuronas y la información que navega por tu mente. Aun así, hay una salida inteligente y saludable. Algunas personas, en situaciones límite, ya hartas del "encarcelamiento" y dispuestas a jugarse el todo por el todo, toman la decisión de actuar pese a las cadenas imaginarias. Se atreven y se dicen a sí mismas: "Todo está en mi mente", y allí, al moverse, descubren que no estaban atados físicamente y que lo único que les amarraba era la ilusión óptica que había creado su cerebro a través del aprendizaje social. Eso es lo que sentirás cuando te desprendas de la aprobación de los demás: despertar a la realidad.

Que quede claro: no sostengo que las personas deban ser indolentes o poco receptivas a todo tipo de críticas, como verás a continuación, lo que sugiero es *amar al prójimo sin sometimientos ni actitudes indignas*; amar, sin dejar de amarse a uno mismo; respetar y respetarse. No hay que decir "no" compulsivamente, sólo hay que negarse a todo aquello que viole los derechos humanos y la libertad de ser tu único dueño. Nada más, ni nada menos.

Dos discriminaciones que te ayudarán a defenderte del qué dirán y el miedo a la desaprobación social

Deseo/preferencia *vs.* necesidad de aprobación

Diferénciales, discrimínalas, porque no es lo mismo "desear" o "preferir" que te acepten, a "necesitar" que te aprueben los demás.

Desear o preferir el reconocimiento de tus iguales es apenas natural. ¿Quién dice que no es agradable que la gente reconozca en uno un esfuerzo, un trabajo realizado o alguna virtud que es admirada? El que diga que el abucheo de la gente que quiere o admira le da lo mismo que su ovación, está mintiendo. Aceptemos que quizás algún iluminado, encerrado en una cueva tibetana, no necesite a nadie salvo el vacío del cosmos para regocijarse en él, pero yo me refiero a los que no somos santos, a las personas de carne y hueso y al ciudadano de a pie. Sentirse orgulloso cuando te otorgan un premio o alguna mención honorífica es normal y hasta recomendable para la autoestima. ¿Que el ego entra? ¡Pues qué le vamos a hacer! Lo importante es que el ego no se convierta en un tumor narcisista. Preferir la aprobación al rechazo social se encuentra en nuestro ADN. La evolución de la especie humana se ha desarrollado sobre la capacidad de mirar a otros humanos para reconocer nuestra propia naturaleza (los psicólogos evolucionistas lo llaman "el fenómeno de mirarse al espejo"). El anecdotario y las investigaciones muestran que los niños criados con animales son "menos humanos" en determinados rasgos que muchos chimpancés avanzados. La conclusión es clara: *necesitamos el contacto con lo humano para ser humanos.* Tú eres el mundo y el mundo eres tú, y romper esta interdependencia te ubica en el más absurdo de los aislamientos.

La *necesidad de aprobación* funciona de otra manera: si no tengo el cumplido me deprimo, o si no obtengo la palmadita en la espalda llego a la conclusión de que no valgo nada. "Necesitar" que me aprueben los demás para sentirme bien, valioso o respetado es "depender" de la aceptación para validar mi ser, es perder la propia identidad por una prestada y cambiante. Si esto es así, si has entregado el control de tu vida al "qué dirán", piensa en lo vulnerable que te has vuelto: ¡qué fácil será hacerte trizas! ¡Bastaría con que hablaran mal de ti unos cuantos!

Un paciente que es actor me decía: "Mataría por el aplauso del público". Desde hacía tiempo había caído en las garras de la necesidad de aprobación y últimamente notaba una merma en la efusividad de los asistentes a sus obras, lo cual lo tenía profundamente preocupado. La aclamación del auditorio era imprescindible para su vida, era lo que en última instancia le daba sentido. ¿Cómo vivir feliz con semejante apego? ¿Cómo ser uno mismo en toda su intensidad, feliz y libremente, cuando los otros controlan mi alma y mi conducta con sólo tirar de los hilos del cumplido? Depender del beneplácito de la gente es ir en contra de la propia conciencia, implica acatar, someterse y no ser capaz de vivir plenamente sin la complacencia de los otros. Terminarás negociando tus principios a cambio de una dosis de elogios o lisonjas.

> Un día, Diógenes, el filósofo cínico, estaba comiendo un plato de lentejas, sentado en el umbral de una casa cualquiera. No había ningún alimento en toda Atenas más barato que el guiso de lentejas. Comer guiso de lentejas significaba que te encontrabas en una situación de máxima precariedad. Pasó un ministro del emperador y le dijo:
>
> –¡Ay, Diógenes! Si aprendieras a ser más sumiso y adular un poco más al emperador, no tendrías que comer lentejas.
>
> Diógenes dejó de comer, levantó la vista y, mirando intensamente al acaudalado interlocutor, contestó:
>
> –Ay de ti, hermano. Si aprendieras a comer lentejas, no tendrías que ser sumiso y adular tanto al emperador. [41]

"Estar" con los demás no es lo mismo que "someterse" a los demás. Si haces al otro imprescindible para tu honra personal te convertirás en su súbdito y no en un interlocutor legítimo, con todo lo que ello implica. Haz tuya esta premisa y aplícala: *si al compartir con la gente te notas ansioso o preocupado por su aprobación o su rechazo, dices cosas para agradar y te dejas manipular para "quedar bien", busca ayuda profesional. Lo tuyo no es amor al prójimo, es patología.*

Crítica negativa *vs*. crítica constructiva

Trata de diferenciar qué tipo de crítica es la que te hacen: si es *constructiva*, la fuente es confiable y no hay malas intenciones, escúchala; es posible que valga la pena y que te haga abrir los ojos o reflexionar sobre cosas que dabas por hecho equivocadamente. Las críticas constructivas hay que agradecerlas porque te ayudan a cambiar.

Cuando estamos frente a una crítica respetuosa es posible convivir en los disensos más marcados: "No estamos de acuerdo y listo", nadie ataca a nadie. Siempre me ha gustado esta anécdota que se atribuye a Voltaire, la cual nos sugiere que es conveniente mantener la cortesía, aun en la discrepancia.

> Voltaire paseaba con un amigo por la calle cuando se cruzaron con una procesión precedida por un Cristo crucificado, motivo por el cual Voltaire se quitó el sombrero en señal de respeto.
>
> –Os creía incrédulo en materia de religión —le dijo su acompañante, sorprendido por el gesto.
>
> –Y lo soy. Aunque Cristo y yo ya no nos hablamos, al menos nos saludamos —matizó Voltaire. [42]

El problema aparece cuando estamos ante una *crítica destructiva*. Alguien cuya intención no es otra que difamarnos o ponernos en la palestra a base de mentiras o información manipulada que no se quiere rectificar o revisar. A veces podemos esquivarla y dejarla que siga su curso, pero en ciertos casos, el efecto sobre nuestra persona es tan negativo que nos vemos obligados a dar explicaciones y desmentir la falsedad.

Mucha gente no sabe qué hacer ante la injuria. Si el origen de la crítica no es confiable, la intención del crítico es evidentemente destructiva, sus fundamentos son pobres o el sujeto en cuestión está mal informado, pues no te quedes escuchando: no abras tu mente cuando lo que te llega es incongruencia, basura y falta de solidez, además de malos propósitos. La mejor opción es convertirte en un banco de niebla y dejar que todo aquello te atraviese, que tu "yo" no capte lo absurdo, lo ilógico o lo peligroso. Guíate por el siguiente pensamiento: "Si la crítica no es constructiva, no me dañará, no se quedará en mí, saldré bien librado porque soy más que cualquier opinión". Y podrías agregar: "Lo que no me sirve para crecer, no le viene bien a mi vida", al menos en estas lides de toma y daca interpersonal. ¿Egoísmo? No, dignidad concentrada.

El siguiente relato nos muestra cómo algunas quejas de la gente son moralmente sancionables. No tenemos que aceptar cualquier cosa que nos llegue porque no todo es aceptable. Lo que se ha dicho tantas veces: los derechos de los otros terminan donde empiezan los míos. No tengo información sobre si el siguiente relato tiene su origen en hechos reales, pero quisiera pensar que sí, para disfrutarlo más.

Una señora de cincuenta y tantos años llegó a su asiento en un vuelo completamente lleno y no quiso ocuparlo. El asiento estaba al lado de un hombre negro. La mujer disgustada llamó inmediatamente a la azafata y le exigió un nuevo asiento:

–No puedo sentarme aquí junto a este hombre negro.

–Déjeme ver si puedo encontrar otro asiento.

Después de verificar regresó y le dijo:

–Señora, no hay más asientos en clase turista, pero voy a consultar con el capitán a ver si hay algo en primera clase.

A los diez minutos, la azafata regresó y le explicó:

–El capitán ha confirmado que no hay más asientos en clase turista, pero hay uno en primera clase. Es política de la empresa nunca mover a una persona de la clase turista a primera clase, pero como sería un escándalo obligar a alguien a sentarse junto a una persona desagradable, el capitán accedió a hacer el cambio a primera clase —antes de que la mujer pudiese decir nada, la azafata hizo un gesto hacia el hombre de color y le dijo—: Señor, si usted es tan amable de recoger sus objetos personales, nos gustaría que se moviese a la primera clase, pues el capitán no quiere que usted se siente junto a una persona desagradable.

Los pasajeros de los asientos cercanos dieron un aplauso mientras que otros se pusieron de pie y dieron una ovación. [43]

Trata de no ser víctima de tu propio invento (profecías autorrealizadas)

La *profecía autorrealizada* es la mayor expresión del autoengaño. El mecanismo es como sigue: parto de una profecía o anticipación de algo que va ocurrir, después hago todo lo posible para que la profecía se cumpla (casi siempre de manera no consciente) y finalmente concluyo que el vaticinio se cumplió: "Yo dije que esto iba a pasar, y pasó". Por ejemplo:

- *Profecía*: pienso que alguien no me quiere o le caigo mal.

- *Conducta confirmatoria*: me alejo o trato de manera seca y antipática al otro, anticipándome al rechazo.
- *Consecuencia confirmatoria*: la persona responde a mi trato antipático de manera indiferente o poco amable.
- *Ratificación de la profecía*: Concluyo que yo tenía razón, que definitivamente no le caigo bien.

La secuencia es totalmente autoconfirmatoria. Damos por sentado lo mismo que queremos demostrar y alteramos los datos para que concuerden con las hipótesis. Hacemos trampa. Veamos dos formas típicas de profecías autorrealizadas que alimentan el miedo al "qué dirán": la que utilizan las personas paranoides y las personas tímidas.

La profecía autorrealizada de las personas desconfiadas o paranoides

Un paciente se quejaba de que la gente no era amable con él. Luego de algunas citas quedó claro que era una persona gruñona, desconfiada y antipática con casi todas las personas que lo rodeaban. Un día le pregunté: "¿Se da cuenta de que los demás reaccionan de acuerdo a como usted se relaciona con ellos?". Me respondió a la defensiva: "¿Entonces tengo que ser amable con todas las personas, incluso con las que no me gustan?". Mi respuesta no tardó en llegar: "No. Lo que le pido es lo contrario, que intente no ser antipático y agresivo con *todas* las personas, para que el círculo vicioso se rompa". La gente no es tonta y cada quien actúa según como se comportan con ella. Mi paciente se quejaba de que los demás no eran cordiales, sin ver que era él, con su conducta arisca, quien generaba la respuesta negativa. Los paranoicos siempre piensan que les harán daño y viven "listos para el contraataque", lo que produce profecías autorrealizadas, ya que de tanto mostrarse hostiles y odiosos hacen que le gente les responda de igual manera. Costó mucho que modificara su manera de ser por una más amigable y cambiara su actitud.

El siguiente relato muestra claramente lo que ocurre con la retroalimentación en cualquier relación.

> Se dice que hace tiempo, en un pequeño y lejano pueblo, había una casa abandonada. Cierto día, un perrito, buscando refugio del sol, logró meterse por un agujero de una de las puertas de dicha casa. Subió por las viejas escaleras de madera y, al terminar de subir, se topó con una puerta semiabierta; lentamente se adentró en el cuarto. Para su sorpresa, se dio cuenta de que, dentro del lugar había mil perritos más observándolo tan fijamente como él los observaba a ellos. Entonces comenzó a mover la cola y a levantar sus orejas poco a poco. Los mil perritos hacían lo mismo. Luego, sonrió y le ladró alegremente a uno de ellos. El perrito se sorprendió al ver que los mil perritos le sonreían y le ladraban alegremente a él. Cuando el perrito salió del cuarto, pensó: "¡Qué lugar tan agradable! ¡Vendré más seguido a visitarlo!".
>
> Tiempo después, otro perrito callejero entró al mismo cuarto; pero a diferencia del primero, ese perrito, al ver a los otros mil, se sintió amenazado, ya que lo miraron de manera agresiva. Empezó a gruñir y, claro, vio cómo los mil perritos le gruñían a él. Cuando el perrito salió del cuarto, pensó: "¡Qué lugar tan horrible es éste! ¡Jamás volveré a entrar aquí!".
>
> En el frente de dicha casa se podía leer un letrero que decía: "La Casa de los Mil Espejos". [44]

Conclusión de cómo funciona la profecía autorrealizada en los sujetos paranoides: *al tratar con hostilidad a los demás, la gente responde mal y ellos "confirman" que "los otros son agresivos"*. Un círculo vicioso perfecto para iniciar una guerra en cualquier sitio.

La profecía autorrealizada de las personas tímidas

Muchos pacientes llegan a la consulta psicológica con la siguiente preocupación: "No soy interesante", y aseguran que los demás se aburren con ellos y que no son capaces de mantener una conversación agradable y sugestiva. Lo curioso es que aun después de desarrollar las competencias de comunicación requeridas, muchos siguen con la idea irracional de que "no son interesantes" o "no son tan cultos". En estos casos también suele intervenir la profecía autorrealizada. Recuerdo a una paciente muy tímida quien luego de enseñarle algunas habilidades de interacción empezó a lanzarse al "ruedo social" e ir a reuniones y fiestas. Sin embargo, su estrategia no era la más adecuada, porque el miedo a hacer el ridículo la bloqueaba. Por ejemplo, en una reunión cualquiera, se acercaba a un grupo de desconocidos, los saludaba y luego se quedaba en silencio todo el tiempo, hasta que el núcleo se iba disolviendo y ella quedaba de última. Ante tal situación, confirmaba su hipótesis: "No soy interesante". Pero es claro: ¡no puedes estar con gente y sólo sonreír! ¡La gente habla!

A continuación te ofrezco un relato para pensar sobre lo tontos que podemos llegar a ser cuando nos vemos con los ojos equivocados de una autoexigencia inclemente.

Un día un señor visitó un museo con algunos amigos. Se le olvidaron las gafas en su casa y no podía ver los cuadros con claridad, pero eso no lo detuvo de ventilar sus fuertes opiniones.

Tan pronto entraron a la galería, comenzó a criticar las diferentes pinturas. Al detenerse ante lo que pensaba era un retrato de cuerpo entero, empezó a criticarlo. Con aire de superioridad exclamó:

–El marco es completamente inadecuado para el cuadro... El hombre está vestido en una forma muy ordinaria y andrajosa... En realidad, el artista cometió un error imperdonable al seleccionar un sujeto tan vulgar y sucio para su retrato... ¡Es una falta de respeto!

El hombre siguió su parloteo sin parar hasta que su esposa logró llegar hasta él entre la multitud y lo apartó discretamente para decirle en voz baja:

–Querido, ¡estás mirándote en un espejo! [45]

A lo mejor no eres tan horrible como te evalúas o te sientes, ni los demás te ven así. Quien sabe, quizás entre tanta gente haya quien te acepte y descubra tu lado positivo y te saque del pozo de autocastigo en el que estás metido. Aunque hables poco, existen silencios "interesantes", miradas "maravillosas", sonrisas "contagiosas" y tonos, inflexiones y palabras que a ti te quedan mejor que a otros. Es verdad que no debes tomar la aprobación de los demás como un criterio para definir cuánto vales, pero también es cierto que quizás seas tú quien está ocasionando una mala evaluación debido a tu inseguridad.

Conclusión de cómo funciona la profecía autorrealizada en las personas tímidas: *no hablan o hablan muy poco para no equivocarse cuando están con otras personas, y como la gente suele quedarse callada si el interlocutor es inexpresivo, el inseguro confirma que el silencio de los demás es la prueba de que "no es interesante" o que es un "inepto social".* Un círculo vicioso perfecto para acabar con la autoestima de cualquiera.

Algunas formas indignas para mantener la aprobación de los demás que sería mejor no utilizar

La gente que sufre de necesidad de aprobación hace un gran despliegue de comportamientos sumisos y de evitación para no incomodar ni perder "imagen" ante los demás. Muchas veces estas "estrategias" son francamente humillantes o no se compadecen con la dignidad personal. Veamos algunas de estas malas tácticas.

- *Evitar incomodar o molestar* a las personas de quienes dependemos. Acoplarse a ellas y hacer y decir, exactamente, las cosas que el otro espera de uno.
- Una de las consecuencias del punto anterior es que por mantener el beneplácito de los demás, *dejamos de ser nosotros mismos*. Perdemos autenticidad y pensamos demasiado antes de actuar por miedo al rechazo. Incluso las preferencias personales suelen hacerse a un lado, para asumir las de los demás como propias y lograr, así, una especie de "sintonía" interpersonal.
- Mantener la aprobación inadecuadamente también incluye *decir "sí" cuando se quiere decir "no"*. Se asume un papel no asertivo y claramente sumiso para agradar a las otras personas, sometiéndose a su voluntad. No contradecir, no oponerse, acatar y cumplir órdenes, forma parte del repertorio de los que por miedo han perdido autoestima. Esta estrategia de "entregarse al poder" para ser "aceptado" tiene un efecto paradójico, pues la sumisión después de un tiempo produce fastidio en los observadores. Así que humillarse termina por generar lo mismo que se pretende evitar: el alejamiento de la gente.
- Una de las conductas típicas de las personas con necesidad de aprobación es no sólo no molestar, sino la *adulación indiscriminada*. Ensalzar el ego ajeno y cosechar puntos a su favor. Por lo general son muy hábiles en detectar la "debilidad" del interlocutor y "endulzar sus oídos" para que se sienta bien. En el fondo, un "trueque" muy especial rige todas las relaciones de la gente con miedo al rechazo social: "Yo te doy lo que quieras, con tal de que me apruebes incondicionalmente".

- Otra forma de llamar la atención positivamente es *impresionar a la gente con alguna habilidad* o sacar a relucir el respectivo *curriculum vitae*. Exaltar las propias virtudes, si se tienen, o "ventajas", como dinero, propiedades, roce social, prestigio y cosas por el estilo. Todo se pone sobre la mesa y se señala abiertamente. La necesidad de aprobación, cuando existe, no conoce límites.

Una premisa recomendable, que ya sugerí antes, es como sigue: si no eres bien recibido, vete. Cuando estés seguro de que no te quieren o determinadas personas son tóxicas para ti, pues no te quedes a comprobar y verificar "cuánto te odian o detestan". Si no te quieren o te desaprueban, siempre habrá un resquicio por donde asome el fastidio: el odio es prácticamente imposible de ocultar y te darás cuenta. La malquerencia es indiscreta por naturaleza, y aunque debemos reconocer que las personas hipersensibles al rechazo social ven muchas veces cosas que sólo existen en su imaginación, en ocasiones no les falta razón.

Después de cuatro horas de tortura, el apache y los otros dos hombres le echaron un balde de agua al reo para despertarlo y le dijeron:

–El coronel manda decir que te va a dar una oportunidad de salvar tu vida. Si adivinas quién de nosotros tiene un ojo de vidrio, te dejaremos de torturar.

Después de pasear su mirada sobre los rostros de sus verdugos el reo señaló a uno de ellos:

–¡El suyo, su ojo derecho es de vidrio!

Y los torturadores asombrados dijeron:

–¡Te salvaste! Pero ¿cómo has podido adivinarlo? Todos antes fallaron, porque el ojo es americano, es decir, perfecto.

El reo respondió, sintiendo que le venía otra vez el desmayo:

–Muy sencillo, fue el único ojo que no me miró con odio.
Desde luego, lo siguieron torturando. [46]

No necesitas que tu contrincante de turno, con seguridad más civilizado que los del relato, tenga un ojo de vidrio. Cuando la certeza del desamor te sacuda en lo más profundo de tu ser tendrás que elegir entre la sumisión o la dignidad. Puedes sacar, como vimos, el arsenal para complacer a los demás o seguir con tu paso firme. Tú eliges: si te hundes en la maraña de la aprobación o prefieres ser independiente.

Ejercicios para vencer la vergüenza

Te sugiero que hagas el ridículo a propósito para que le pierdas el miedo a la vergüenza social. ¿Qué te puede pasar? ¿Que a unos cuantos no les gustes? ¿Que te sancionen estéticamente? Por ejemplo, entra en una zapatería y pide un kilo de carne; despójate de tu camisa e imita al hombre o a la mujer lobo; predica la segunda venida del señor en la reunión nacional de ateos; habla con algún insecto y ten una polémica encarnizada con él, mientras los demás y el insecto te miran asombrados; ladra en público y si tienes cola, muévela; mira el cielo y cántale a la luna en plena vía. ¿Locura? No necesariamente, se trata más bien del juego de la espontaneidad y la irreverencia. Este tipo de actividades, provocadoras y de exposición social, se conocen en terapia cognitiva con el nombre de "Ejercicios para vencer la vergüenza". Si te sometes al ridículo a propósito, al cabo de un tiempo no te importará tanto si tu imagen sigue o no los patrones establecidos. Es un ensayo terapéutico con tintes de teatralidad. Las únicas dos condiciones son que bajo ninguna circunstancia el miedo al ridículo te venza (así sufras, hazlo cuantas veces sea necesario hasta que el temor haya disminuido significativamente) y que tu conducta no viole los derechos de los demás.

Sólo para que lo tengas en cuenta: Gandhi, Jesús, Sócrates, Freud, Francisco de Asís y Giordano Bruno, entre otros pensadores e innovadores de todos los tiempos, fueron catalogados como locos o ridículos por el poder dominante; fueron rechazados de plano. No quiero compararte con ellos (salvemos las distancias), lo que sostengo es que en su momento fueron mal vistos y ese criterio no prevaleció. La opinión de los demás no es una verdad absoluta e irrebatible. No hay nada más subversivo para unas mentes estrechas que ver a alguien independiente, psicológicamente libre y con una pizca de locura simpática.

PREMISA LIBERADORA X

PERMÍTETE ESTAR TRISTE DE VEZ EN CUANDO: LA "EUFORIA PERPETUA" NO EXISTE

*No puedes evitar que los pájaros de la tristeza vuelen sobre ti,
pero debes evitar que aniden en tu cabello.*
PROVERBIO CHINO

La exigencia irracional de ser feliz a toda costa

El mandato irracional que rige parte de nuestra vida posmoderna gira alrededor de la "antitristeza", una especie de fobia o baja tolerancia a sentirnos mal o regular, como si estos bajones naturales le quitaran sentido a la existencia. El mandato es como sigue (agárrate fuerte):

> Para ser feliz y tener una buena vida hay que alejarse totalmente de la tristeza

Así es: prohibido estar triste, así sea de vez en cuando, así los motivos lo acrediten. Se piensa que las personas exitosas y especiales viven de espaldas a lo negativo. Repito: si eres feliz de tiempo completo serás una persona adecuada y ajustada, ejemplar y perfecta. En otras palabras: felicidad igual a perfección psicológica. Pero tal como afirma la premisa liberadora, no sólo no existe la "euforia perpetua", sino que cierto nivel de tristeza es inevitable y, como demostraré, útil para nuestro crecimiento personal.

El culto al placer contemporáneo ha creado una baja tolerancia a la incomodidad que genera un profundo rechazo al malestar natural y normal que inevitablemente acompaña a veces la lucha por la supervivencia. La conclusión de los que no soportan salirse de la zona de confort emocional es como sigue: "Si estás triste o no estás 'súper' feliz, estás *out*". Y al estar fuera del grupo de los que sí saben vivir, no podrás participar en la ola de efervescencia y alegría sostenida que define a los seres "realizados" y satisfechos. El impacto de estas dos creencias extremas e inalcanzables: "*Debes* ser feliz todo el tiempo" y "*Nunca deberías* estar triste" crea una especie de tormenta perfecta nociva, que nos lleva irremediablemente a la frustración.

La intolerancia a la tristeza se infiltra por todas partes. Imaginemos este intercambio de palabras que es más frecuente de lo que uno cree (si no estás seguro, haz la prueba y compórtate como el sujeto 2 y verás qué ocurre):

Sujeto 1: ¿Cómo estás?

Sujeto 2: Más o menos.

Sujeto 1: (*casi alarmado*) ¿Por qué? ¿Qué te ocurre?

Sujeto 2: Pues nada, me va más o menos... Ya te dije...

Sujeto 1: Pero si no ha pasado nada, ¿por qué no te sientes "muy bien" o "bien"?

Sujeto 2: No estoy mal, si a eso te refieres, simplemente amanecí así...

Sujeto 1: ¡Vamos, anímate! ¡No dejes que te dé el bajón!

Sujeto 2: Es que no tengo un bajón, sólo que no estoy eufórico... No pasa nada.

Sujeto 1: ¡Pues deberías estarlo! ¡La vida es bella! ¡Tienes todo para ser feliz!

Sujeto 2: Pero es que no estoy "infeliz", estoy normal...

Sujeto 1: ¡Pues no es suficiente, tú puedes más!

Si conoces a alguien similar al sujeto 1, que todo lo ve *perfecto* y que cree que hay una actitud *perfecta* para mirar las cosas *perfectamente*, aléjate lo más rápido que puedas de él. Quizás no sea una persona tóxica, pero sí bastante empalagosa, lo que puede resultar peor. Es decir, según el sujeto 1, eres un *perfecto* idiota porque no entras en el "evidente" éxtasis de la vida cotidiana.

No digo que sea inútil buscar el bienestar y la alegría cada vez que se pueda o intentar ser lo "menos infeliz posible", lo que sostengo es que la "desesperación por ser felices", paradójicamente, nos hace infelices: la obsesión por la alegría nos quita energía y capacidad de disfrute y, sobre todo, estresa.

Este auge de buscar la "alegría permanente" hay que matizarlo. Quizás en lugar de buscar la felicidad a toda costa y por encima de todo haya que aclarar el panorama de nuestra vida reubicando la felicidad en una dimensión menos angustiante y dándole un peso más relativo respecto a nuestra existencia. Como dice Pascal Bruckner en *La euforia perpetua*: "Hay circunstancias en que la libertad puede ser más importante que la felicidad, o el sacrificio más importante que la tranquilidad". Suena razonable.

Para vivir intensamente no basta drogarte con grandes cantidades de alegría, no importa su procedencia: química, espiritual, informática, religiosa o psicológica. Como verás más adelante, requieres también de cierta dosis de tristeza que de tanto en tanto te despierte (no de depresión, que es otra cosa) para que tu organismo logre adaptarse al medio y funcionar eficientemente: negar la tristeza y prohibirla por decreto, además de estúpido, es dañino para tu salud. El escritor y crítico de arte John Neal decía: "Le viene bien al hombre un poco de oposición. Las cometas se levantan contra el viento, no a favor de él". ¿Cómo no estar de acuerdo? Analiza el siguiente relato y obtén tus conclusiones:

Un día un viejo campesino le dijo a Dios:

–Mira, tú eres Dios y has creado el mundo, pero hay una cosa que tengo que decirte, no eres un campesino, no conoces ni siquiera el ABC de la agricultura. Tienes algo que aprender.

–¿Cuál es tu consejo?

–Dame un año y deja que las cosas se hagan como yo quiero y veamos qué pasa. ¡La pobreza no existirá más!

Dios aceptó y le concedió un año. Naturalmente el campesino pidió lo mejor y sólo lo mejor: ni tormentas, ni vientos, ni peligros para el grano. Todo era confortable y cómodo y él era muy feliz. El trigo crecía altísimo. Cuando quería sol, había sol; cuando quería lluvia, había tanta lluvia como hiciera falta. Ese año todo fue tan perfecto, que el granjero fue a ver a Dios y le dijo:

–¡Mira! Esta vez tendremos tanto grano que si la gente no trabaja en diez años, aun así tendremos comida suficiente.

Pero ocurrió algo inesperado. Cuando se recogieron, los granos estaban vacíos. El campesino, sorprendido, le preguntó a Dios:

–¿Qué pasó? ¿Cuál fue el error?

–Como no hubo desafío, no hubo conflicto, ni fricción. Como evitaste todo lo que era malo, el trigo se volvió impotente. Un poco de lucha es imprescindible. Las tormentas, los truenos, los relámpagos son necesarios, porque sacuden el alma dentro del trigo. La noche es tan necesaria como el día y los días de tristeza son tan esenciales como los días de felicidad. Si entiendes este secreto descubrirás cuán grande es la belleza de la vida, cuánta riqueza llueve sobre ti en todo momento. Entiende esto y quizá dejes de sentirte miserable porque las cosas no suceden de acuerdo con tus deseos. [47]

El monje y el paciente

El monje budista Matthieu Ricard (conocido como el hombre más feliz del mundo), en su libro *En defensa de la felicidad* (p. 35) afirma:

> La finalidad de la existencia es esa plenitud de *todos* los instantes acompañados de un amor para *todos* los seres, y no ese amor individualista que la sociedad actual nos inculca permanentemente. La verdadera felicidad procede de una bondad *esencial* que desea de *todo* corazón que cada persona encuentre sentido a su existencia. Es un amor *siempre* disponible, sin ostentación ni cálculo. La sencillez *inmutable* de un corazón bueno. [*Las cursivas son mías.*]

Debo confesar que cuando leí esta frase quedé algo desubicado. Aunque soy un profundo simpatizante del budismo, me sentí por un momento muy lejos del ideal que presentaba Ricard. Algunas afirmaciones con las que asocia la felicidad ("amor para todos los seres", "plenitud de todos los instantes", "un amor siempre disponible", "sencillez inmutable", "bondad que sea de todo corazón") son imposibles para la mayoría, dentro de la que me incluyo. Demasiado categórico para alguien que tiene una existencia normal y no es un santo ni un maestro espiritual.

Veamos otro punto de vista existencial, menos trascendente y más cercano a nuestro contexto occidental. Un paciente joven, algo melancólico e introvertido me comentaba: "Muchos de mis amigos y amigas me dicen que me ven amargado y no lo estoy. No me la paso diciendo que todo es bello y expresando felicidad por los cuatro costados, porque mi carácter no es extrovertido... Digamos que tengo un toque escéptico... Y a veces, es cierto, veo las cosas feas del mundo y la gente no siempre me gusta o me cae bien. Aunque no me deprimo, de tanto en tanto me da una mezcla de tristeza y rabia cuando observo cómo va el mundo ¡No puedo estar con una sonrisa de oreja a oreja todo el tiempo! La vida tiene cosas muy buenas y cosas insoportables, ésa es la verdad... ¿Cómo voy a estar permanentemente feliz? No, no me nace. Las personas de mi entorno no me entienden ni me perdonan que sea tan realista. Algunos me dicen pesimista. Hay momentos en que estoy bien, otros en que no me soporto ni a mí mismo y algunos días me da por ser solidario y sonreír a todo el mundo. Soy así, y no me siento infeliz, me siento bien como soy". Mi paciente mostraba su lado más humano, y pese a sus escasos años, pude detectar en él un realismo inteligente y crítico. ¡No era perfecto y ni se aproximaba a la definición del monje! Sin embargo, era auténtico y se sentía bien con su manera de ser: disfrutaba cuando tenía que hacerlo y, en ocasiones, también hacía contacto con la tristeza. Sus amigos y amigas saltaban de un placer a otro y habían desarrollado una fobia a todo aquello que enfriara el entusiasmo del instante, especialmente el ceño fruncido de cualquiera que intentara pensar algo serio o preocupante, como era el caso de mi paciente.

Mirar las cosas con realismo, sin el sesgo "ultrapositivo" de las personas que consideran la felicidad una virtud no te convierte automáticamente en un amargado crónico. El mandato irracional perfeccionista de este capítulo nos dice: "Sé feliz siempre y a toda hora" o "¡Drógate con la dicha de estar vivo!". Bajemos las revoluciones místicas y serenémonos un poco. Acomodémonos a como son las cosas de verdad, aunque no sean tan excelentes y maravillosas. Y un dato más para que tengas en cuenta: no todo "depende de tu actitud", como afirman los que dicen hablar con el universo. A veces la adversidad te pasa por encima por más "buena cara" que le hayas puesto al "mal tiempo". Así son las cosas. La vida es un balance, una suma algebraica, por decirlo de alguna manera, de cosas buenas y cosas malas, alegría y tristeza, todo entreverado. Mucha gente cuando ve la realidad sin maquillaje, primero se asusta y luego se decepciona, así que se defiende construyendo un espacio virtual personalizado de "negación de lo negativo" para esquivar el sufrimiento y anestesiarse. Puro autoengaño. Es mejor luchar, resistir, modificar las circunstancias, en fin, sobrevivir dignamente, que mentirse a uno mismo.

Entonces, ¿qué elegimos? ¿El monje, con su experiencia espiritual y trascendente, respetable sin lugar a dudas, o mi paciente, con una percepción de la vida apoyada en *su* realidad, sin muchos signos de felicidad "consumada"? Me quedo con la visión de mi paciente. Sencillamente porque la felicidad perpetua y "perfecta" es un mito. Quizás existan instantes de alegría plena, pero sólo instantes, momentos que pueden estirarse como un chicle hasta que se rompan. La obligación y el deber de ser feliz que impone la cultura posmoderna cansa y desgasta, porque la esencia misma de la felicidad, como todas las cosas de la existencia, es ser fluctuante e impermanente.

Insisto: *el mandato irracional perfeccionista no sólo "prohíbe" estar triste, sino que promueve una escasa inteligencia emocional que nos impide hacer contacto con las emociones y aprender a leer en ellas para aplicarlas a la vida cotidiana.* "Leer en uno mismo" significa contar con el suficiente autoconocimiento para potenciar nuestro lado positivo y hacer a un lado o controlar los aspectos negativos que todos tenemos, así la moda marque otra tendencia. El siguiente relato reafirma este punto. Analízalo y obtén tus conclusiones.

Una mañana un viejo indio cherokee le contó a su nieto acerca de una batalla que ocurre en el interior de las personas.
 –Hijo mío, la batalla es entre dos lobos dentro de todos nosotros. Uno es malvado: es ira, envidia, celos, tristeza, pesar, avaricia, arrogancia, autocompasión, culpa, resentimiento, soberbia, inferioridad, mentiras, falso orgullo, superioridad y ego. El otro es bueno: es

alegría, paz, amor, esperanza, serenidad, humildad, bondad, benevolencia, amistad, empatía, generosidad, verdad, compasión y fe.

El nieto lo meditó unos segundos y luego preguntó a su abuelo:

—¿Qué lobo gana?

—Aquél al que tú alimentes —respondió el viejo cherokee. [48]

Nuestra amiga la tristeza

La función adaptativa de la tristeza: cómo descifrarla

Si el miedo y la ira te aceleran, uno para defenderte y otra para reafirmarte, la tristeza te baja de revoluciones para que recuperes energía. Cuando estás triste, todo tu metabolismo languidece y el organismo comienza a funcionar más despacio y a media máquina. La naturaleza te pone el freno de emergencia de vez en cuando y te obliga a hacer una parada en el camino, ya sea para pensar o descansar. No me estoy refiriendo a la temible depresión, que te tira por meses, sino a un leve desconsuelo biológico, a la *emoción primaria* de estar triste. Igual que todas las emociones biológicas, la tristeza se agota cuando cumple su misión. Mientras la enfermedad depresiva busca la autodestrucción, la tristeza cumple una función de reintegración y recuperación de los recursos adaptativos. Hay ocasiones en que Dios, el universo o la naturaleza nos golpean amigablemente el hombro para llamarnos la atención y conversar un rato: "¿Adónde vas tan rápido? Desacelérate, dedícate a recuperar energía y a reevaluar qué estás haciendo".

Cuando estamos tristes, la naturaleza nos ofrece tres opciones para potenciar nuestra supervivencia: (1) *conservar energía*, si estás ante una pérdida afectiva (lentificación de los procesos fisiológicos para que no persigas un imposible); (2) *pedir ayuda*, si te sientes desamparado (los gestos de "estar triste" impactan sobremanera a los demás), y (3) *buscar soluciones almacenadas en tu memoria*, si tienes un problema difícil de resolver (cuando la mente funciona despacio es más fácil acceder a posibles soluciones).

Como dije anteriormente, la tristeza también es una forma primitiva, muy eficiente, de comunicar que estás mal y *pedir ayuda*. Y digo "eficiente", porque la expresión gestual de una persona triste no pasa fácilmente desapercibida. La gente que se ha visto obligada a convivir con personas depresivas sabe de qué estoy hablando. Las manifestaciones corporales de la tristeza son impactantes, además de contagiosas. Una impresionante metamorfosis física acompaña a la persona triste: los ojos se vuelven aguados como cuando un niño tiene fiebre, las comisuras de los labios bajan ostensiblemente, el rostro se desencaja, la postura corporal se vuelve encorvada, cabizbaja y meditabunda, y el trasfondo de la mirada se tiñe de un extraño gris apagado y plomizo, imposible de ignorar. La naturaleza diseñó un mecanismo compartido de impecable maestría para asegurar la restitución de funciones: no solamente inventó el lenguaje de la tristeza, sino que te equipó con cierta hipersensibilidad para responder a las demandas de ayuda de los otros. Una especie de "compasión biológica forzada".

Si el miedo no está hecho para pensar, la tristeza sí. Cuando ella aparece, inmediatamente diriges la mirada hacia dentro y un impulso insistente hacia la autoobservación te lleva a "pensar sobre lo que piensas". Un toque existencial se va apoderando de tu *software* mental. De un momento a otro, Kafka, Sartre y Freud empiezan a ejercer una singular fascinación nunca antes sentida. En esos días de tristeza y reconcentramiento, algunos desempolvamos los textos de filosofía y sacamos del clóset aquella vieja y desteñida bufanda de intelectual francés. La tristeza es el telón de fondo de las bohemias trasnochadas y adobadas con bastante licor de mala calidad, es la época en que te da por meditar y visitar al psicólogo a ver qué encuentra (y claro está, siempre encuentra algo). Al lentificarse todos los procesos mentales e incrementarse la autoconciencia, la tristeza te permite activar recuerdos que contengan información relevante para resolver problemas presentes y *rescatar viejas alternativas de solución*.

Veamos las diferencias entre la emoción primaria de la tristeza (de la cual puedes aprender) y la emoción secundaria de la depresión (la cual debes eliminar).

Aprender a diferenciar tristeza de depresión

Si bien la mente no es la responsable de todas las depresiones, ya que un porcentaje elevado de ellas son de corte cognitivo, el evento estresante externo debe encontrar vulnerabilidades psicológicas específicas para que germine la depresión; de no ser así, nada pasa. Las predisposiciones psíquicas a la depresión adoptan la forma de teorías o creencias. Si piensas "No soy querible", "Soy un inútil" o "No valgo nada" es probable que estés caminando en la cuerda floja. Aunque los *pensamientos negativos frente a uno, al mundo y al futuro* son los disparadores principales del trastorno, el sujeto depresivo posee un pesimismo radical totalmente desalentador. Una cosa es poner la esperanza en su sitio para que no moleste y otra muy distinta eliminarla para siempre. Una desesperanza infinita, sin opciones positivas, es lo más parecido al infierno.

La depresión es una fuerte baja en el estado de ánimo (disforia) que genera *síntomas motivacionales* como ausencia de placer ("Nada me provoca", "La vida no tiene sentido"), *síntomas emocionales* (tristeza duradera, desamor, llanto, baja autoestima), *síntomas físicos* (apatía, fatiga, inapetencia o hiperfagia, insomnio, pérdida de peso, baja en la libido) y *síntomas mentales* (negativismo, fatalismo, pesimismo, pérdida de atención y de concentración). Nada queda en pie. Como un alud, acaba con todo lo que encuentra a su paso.

La depresión no es tristeza, y establecer la diferencia es fundamental para saber cuándo preocuparse. Los siguientes puntos podrán aclararte la cuestión.

1. En la depresión siempre hay una tendencia al desamor personal y a la baja autoestima (cierto desprecio del propio "yo"). En cambio, en la tristeza, a pesar de todo, el sujeto se sigue queriendo a sí mismo.
2. En la depresión hay un claro sentimiento autodestructivo, que puede incluso llevar a la muerte. Junto con la anorexia nerviosa, es la enfermedad psicológica en que más peligra la vida. La persona triste nunca piensa seriamente en destruirse a sí misma.
3. La persona depresiva busca la soledad y el aislamiento afectivo. Una profunda decepción por la gente define gran parte de su comportamiento. El sujeto triste busca ayuda, y aunque a veces quiera estar solo, no pierde la capacidad de conectarse afectiva y psicológicamente con los demás.
4. En el individuo depresivo, el estado de ánimo negativo se generaliza abarcando todas las áreas de su vida. El sujeto aquejado de la enfermedad lleva la depresión a cuestas durante todo el día y a todas partes, de ahí que su desempeño general se vea seriamente alterado. En la tristeza, aunque el rendimiento disminuye un poco, el individuo puede seguir desempeñándose de una manera relativamente aceptable.
5. La persona depresiva no suele tener una conciencia clara del porqué de la enfermedad, mientras que la mayoría de los sujetos tristes pueden llegar a identificar con claridad la causa de su malestar.

6. La depresión es más intensa y dura más tiempo que la tristeza. Mientras los síntomas del depresivo pueden durar meses, la tristeza no suele estar presente por más de unos pocos días o semanas.

La depresión psicológica es uno de los peores "inventos de la mente". Su origen está arraigado en el desamor y la soledad afectiva. Si durante los primeros años de vida el niño ha establecido vínculos afectivos estables y seguros, creará cierta resistencia a la depresión, aunque no definitiva; si por el contrario, la infancia estuvo matizada por pérdidas y carencias afectivas, será más vulnerable a contraer la enfermedad. La depresión psicológica no parece cumplir ninguna función adaptativa para la supervivencia del hombre. Su existencia es el resultado de una clara desviación de la autoconsciencia humana, que posiblemente malinterpretó el sentido adaptativo de la emoción primaria de la tristeza. La depresión es el luto del alma, el llanto de la existencia y lo que se opone a la evolución. El único antídoto conocido para destruirla, si es de origen mental, es alegría en grande y amor para convidar.

La felicidad según la ciencia y mi parecer

En la actualidad hay cierto consenso en torno a la felicidad. Ésta es entendida o definida *como una evaluación positiva y global que realiza una persona sobre su calidad de vida*. Su contenido es explicado por una ecuación o mejor, un "coctel", donde se mezclan aspectos *hereditarios, externos o circunstanciales* de la vida cotidiana y *personales*, lo que depende de uno. Me basaré en la propuesta de la doctora Raquel Palomera, de la Universidad de Cantabria, que sugiere en un capítulo del libro *Emociones positivas*.

El primer factor, lo *genético*, estaría a cargo de un rango que va de cuarenta a cincuenta por ciento, es decir, la tendencia o predisposición natural de cada uno a sentirse melancólico o positivo. Hay personas que desde pequeñas tienen mayor inclinación a tener un estado de ánimo más alegre que otras. No obstante, aunque los investigadores hablan de una condición "fija", en mi experiencia como terapeuta he visto que este porcentaje puede moverse a veces más de lo que uno pensaría. Este porcentaje hay que tomarlo con pinzas. Lo hereditario se trata de una disposición más que de una "tara" o una "bendición" para ser feliz. ¡Qué le vas a hacer! Cargas tus genes y ellos determinan *parte* de tu conducta, aunque sabemos que eres mucho más que tu ADN.

El segundo factor es el *ambiental*, y se dice que está entre siete y quince por ciento, contrariamente a lo que nos sugiere nuestro sentido común. No obstante, vale la pena dejar en claro que el ser humano no es pasivo ante los eventos negativos y que en muchas ocasiones es capaz de modificarlos a su favor. Hay personas que se fortalecen ante la adversidad y otras que se hunden: existe un *estrés postraumático* y un *crecimiento postraumático*, unos toman un camino involutivo y otros uno evolutivo. Todo hace pensar que el ambiente no lo determina todo, aunque su peso es indudable. Por ejemplo, no hay evidencia suficiente que apoye que el dinero se relaciona con la felicidad de manera contundente. En lo que sí parece haber consenso amplio es en que las *relaciones interpersonales* significativas, agradables y estables influyen en que la felicidad prospere, aquí y en la China.

El tercer factor de este "coctel de la alegría" es el *personal*, que define aproximadamente entre veinte y cuarenta por ciento (yo estoy más a favor de cuarenta por ciento): lo que depende de ti, lo que tú puedes hacer o deshacer, aquello que está bajo tu control, tus pensamientos, acciones y emociones. Se refiere a tus valores, tus principios más sentidos, tus ilusiones, metas y sueños, a lo que aspiras; dicho de otra forma: tu autorrealización. El principio básico de la terapia cognitiva afirma: "Si logras pensar bien, te sentirás bien". Insisto: en mi experiencia como psicólogo clínico, de más de treinta años, debo concluir que el factor personal es mayor al porcentaje de veinte a cuarenta por ciento. He visto personas con lo genético y lo ambiental totalmente en contra, que modifican su estructura y logran tener una calidad de vida envidiable, como ocurre en ocasiones con pacientes terminales que, en sus palabras, logran transformar el escaso lapso de vida que les queda como el "mejor de su vida".

En el espíritu humano, si se me permite el desliz "poco científico", ocurren cosas inexplicables que muchas veces van más allá de nuestra comprensión y que rompen las tablas de azar y todos los porcentajes. No intento con esto desconocer lo biológico ni las limitaciones ambientales, lo que sostengo es que lo mental o cognitivo puede tener efectos muy poderosos que apenas estamos estudiando. No hablo de curar un cáncer o de que un inválido de pronto se levante y camine milagrosamente, sino a que se puede acceder a una vida de bienestar aun en circunstancias increíblemente negativas y adversas. Un número considerable de relatos de los que padecieron guerras, encierros en campos de exterminio o pobreza extrema lo atestiguan: en muchos de estos casos, la alegría y el sentido por la vida se mantenían con toda su fuerza. Recuerdo que cuando estudiaba psicología y no tenía entradas económicas me colaba por una pequeña ventana abierta en el comedor universitario y, con una bandeja prestada, pasaba mesa por mesa pidiendo alimentos a los compañeros que allí comían y todos me daban un poco. Esa comida era para mí sabrosísima. O cuando en el pequeño supermercado de la esquina, el dueño nos regalaba, a mi novia y a mí, un pedazo de costilla de res, tomates y pepinos y hacíamos un asado con vino prestado en la azotea. ¡Sabía a dioses!

No quiero pecar de poco realista, lo que digo es que confío plenamente en la capacidad personal y en el punto de control interno de cada quien para dirigir y construir su propia vida, por encima de la bioquímica y de las crisis sociales.

Seis claves para acercarse al bienestar de manera realista

Recuerda: cuando estés triste no escapes a ese estado, intégralo y aprende a leer lo que te dice: "Estás cansado, disminuye el ímpetu", "Estás mal, pide ayuda o avisa a los demás que necesitas apoyo" o "Tienes un problema, baja el ritmo y revisa con calma en tu mente porque allí está la solución". Una vez que aceptes que la tristeza forma parte de la vida normal y no es incompatible con la alegría, es hora de que te hagas otras preguntas.

¿Qué debo hacer para fortalecer mi bienestar, cómo me acerco a la felicidad y a la alegría de existir, con tantos escollos en el camino? ¿Cómo puedo vivir la felicidad tranquilamente, sin sentirme "obligado" a buscarla como señala el mandato irracional perfeccionista?

La mejor respuesta a estas interrogantes la he encontrado en el trabajo sobre bienestar (*well-being*) o felicidad de la doctora Carol Ryff de la Universidad de Wisconsin-Madison. Su programa preventivo y terapéutico consta de seis puntos, que de acuerdo con muchos psicólogos clínicos, pueden ayudar a mantener un estado realista de felicidad/alegría, sin caer en el mito de una euforia facilista. Veamos estos seis puntos en detalle:

1. El bienestar psicológico tiene que ver principalmente con el contexto general en el que se ha movido este libro: la **autoaceptación**. Sentirte bien contigo mismo te garantiza no sólo una satisfacción básica muy poderosa, sino también la

posibilidad de crear tus propios autorrefuerzos, es decir, *según tus intereses y según lo que consideres positivo para ti, darte gusto*. Si te aceptas, cuidarás de ti y harás todo lo posible para abrazar una vida más feliz y alegre, simplemente porque lo vales. Si no te aceptas incondicionalmente pensarás que no mereces ser feliz.

2. El bienestar psicológico tiene que ver con el **crecimiento personal**, es decir, la *actualización de tu mente que te permite progresar alrededor de tus talentos naturales y tus fortalezas básicas*. No hablo de ambición desmedida (hasta un crecimiento espiritual puede ser excesivo y carente de toda humildad), sino de desarrollar tu verdadero potencial humano, sin evasivas y con la mayor pasión posible. Si tienes ganas auténticas de crecer, la felicidad andará rodando por tu vida.

3. El bienestar psicológico implica tener metas vitales que otorguen sentido y significado a tu existencia: **un propósito de vida**. Puede ser algo que te trascienda y contenga a la vez (Dios, la Providencia, el universo, la vida misma); entregarte a un interés estimulante y absorbente, como ayudar a otros o tener ímpetu hacia alguna forma de creatividad. Lo importante es que si alguien te pregunta por qué estás vivo o viva, no te limites a contestar con hermetismo científico: "Soy parte de la evolución", o como me dijo un amigo en cierta ocasión: "Soy un conjunto ordenado de átomos y moléculas que han creado células, que a su vez han creado órganos" (según esta definición, él no era un ser vivo sino un producto orgánico). Si te preguntan por qué estás vivo, la mejor respuesta es tu significado más profundo, el que tú le des, tu exaltación más sentida. La emancipación de tu "yo" va de la mano de la plenitud.

4. El bienestar psicológico está íntimamente ligado a la capacidad de establecer **relaciones interpersonales estables y sanas**. La capacidad de convivir con los otros. No cosificar ni que te cosifiquen y ver en cada persona que se te acerque un sujeto válido en la comunicación. Amar y ser amado, en pareja o entre amigos o amigas. El entramado humano de la vida es social en sus orígenes, nuestra capacidad de reconocernos como singularidades nace de la habilidad de mirarse en el espejo del otro. Es posible que algún monje anclado en alguna gruta olvidada se sienta feliz, no lo niego, pero prácticamente todas las investigaciones concuerdan en que la mayoría de las personas requieren del contacto de otros seres humanos para sentirse bien. Y no me refiero a cualquier relación, sino a vínculos buenos, cálidos e independientes. Lazos donde cada uno se involucra con el otro de manera cómoda y confiable.
5. El bienestar psicológico se fortalece cuando tenemos **dominio sobre el ambiente**. Esto no implica ser, como vimos en otro apartado, un fanático del control, sino mantener la posibilidad de generar elecciones personales y libres sobre las situaciones y crear un ambiente motivacional que resulte agradable para uno. No ser una víctima resignada del ambiente, sino reaccionar y crear estrategias de afrontamiento, sin violar los derechos de nadie ni del planeta. Si tienes la sensación de que nada de lo que hagas afectará tu entorno inmediato te sentirás un cero a la izquierda y eso es incongruente con un estado de bienestar. La sensación de logro personal se incrementa cuando produces oportunidades en tu hábitat.
6. El bienestar psicológico es imposible sin **autonomía**, es decir, mantener la propia identidad e individualidad de manera libre. Se trata de ejercer tus derechos asertivos e individuales.

Pensar por ti mismo, dirigir tu conducta sin someterte al qué dirán u otras presiones. Si no eres independiente eres esclavo de algo o alguien. Si necesitas una autoridad moral o de algún tipo que tutele tus pasos perderás tu esencia. Autonomía es libertad de actuar, sentir y pensar, es la posibilidad de ser auténtico e íntegro. Por el contrario, ser dependiente es ser adicto y una persona adicta se aleja cada día más de la buena vida. La felicidad no puede existir sin la emancipación del "yo".

La doctora Ryff sugiere que las personas que se entrenen en estos seis aspectos podrán lograr el máximo bienestar. En psicología positiva y cognitiva existen programas y entrenamiento específicos para crear los principios sugeridos por ella y transformarlos en una forma de vida. Aunque, según mi experiencia, debo decir que mucha gente también los adquiere por su cuenta y riesgo por medio de la practica o la lectura sobre el tema.

No hay nada imposible en los seis puntos mencionados, nadie te pide que vueles a la estratosfera o cargues un manual de mil hojas de instrucciones. Son premisas sencillas, que con seguridad intuyes o ya conoces, que de alguna manera están almacenadas en tu disco duro, pero no has creado aún el compromiso de llevarlas a la práctica. Quizás éste sea el momento.

El contenido verdadero de la felicidad es la alegría

Es posible completar la propuesta psicológica de la doctora Ryff, que ya leíste, con una posición filosófica realista y sin pretender imposibles. Cito al filósofo Comte-Sponville, quien dice en su libro *La felicidad desesperadamente* (p. 79):

PREMISA LIBERADORA X

Mi idea es que el contenido verdadero de la felicidad es la alegría. No crean en una felicidad permanente, continua, estacionaria, perpetua: no es más que un sueño. La verdad es que hay momentos de alegría: *podemos llamar felicidad a todo espacio de tiempo donde la alegría parezca inmediatamente posible*. No a todo espacio de tiempo donde estamos alegres —pues incluso cuando somos felices hay momentos de fatiga, de tristeza, de inquietud— sino a toda duración, donde tengamos la sensación de que la alegría puede aparecer de un instante a otro. [*Las cursivas son mías.*]

Totalmente de acuerdo. La alegría es como el agua del mar: llega hasta ti, te hace cosquillas, te moja y luego vuelve a su cauce. Querer retener la alegría y convertirla en permanente, la mal llamada felicidad constante, es una utopía y un apego a la felicidad. Podríamos reemplazar: "escandalosamente feliz" por "escandalosamente alegre" y nada cambiaría en lo fundamental.

Sin libertad no hay alegría

No podrás disfrutar del bienestar si no eres libre. Esto significa: si no haces lo que quieres te sentirás "incompleto" y poco dichoso. Es obvio que no puedes hacer todo lo que quieras, pero me refiero a lo que esencial y vitalmente requieres para ser TÚ con mayúsculas. A veces, cuando por algunos segundos logramos escaparnos de la cárcel de los "deberías", convenciones y mandatos percibimos un cosquilleo en el alma que nunca habíamos sentido antes. Un impulso a correr por correr, a reír por reír. En mi vida (y en la de muchos de mis pacientes), cuanta más libertad interior y exterior he disfrutado, la alegría se ha vuelto más posible y cercana. Lee este poema de Paul Fort y siéntelo con los huesos. Intenta ponerte en el lugar de las rosas rebeldes.

La rosa libre de los montes saltó de júbilo esta noche
y las rosas de los jardines y el campo dijeron a voces:
"Saltemos las rejas, hermanas, saltemos y huyamos veloces,
más que el agua del jardinero valen las nieblas de los bosques".
En esta noche de verano vi en todas las rutas pasar a las rosas
de los jardines tras una rosa en libertad...

EPÍLOGO
IMPERFECTO, PERO FELIZ

Este libro se opone a la idea de la "perfección psicológica" y asume que es posible lograr cualquier tipo de "mejoramiento" o crecimiento personal sin contar con el perfeccionismo como herramienta básica. Así como existe una carta universal de los derechos humanos, pienso que cada quien, desde su experiencia individual, puede crear su propia carta de derechos personales, individualizada y acomodada a lo que es su vida. Desde esta perspectiva, y a manera de resumen, podríamos establecer una serie de derechos que se reivindican en las páginas anteriores, dejando claro que la cantidad de los mismos es imposible de determinar en cada caso particular. Los que aquí presento son ejemplos inspiradores que se desprenden de mi práctica profesional como psicólogo clínico cognitivo; no obstante, cada quien deberá, como decía Plotino, "esculpir su propia estatua".

Veamos cada uno de los derechos que sugiero y que se desprenden del texto, sin olvidar que la puesta en práctica de cada uno de ellos sólo puede llevarse cabo de manera adecuada, es decir, *si no es dañino para uno ni para otros.*

El derecho a ser imperfecto. Esto significa alejarte del concepto de excelencia y perfección psicológica tradicional que marca la cultura del rendimiento extremo y del consumismo. Como ya expliqué, no implica regodearte en tus defectos, sino en tratar de corregirlos sin ínfulas ni delirios de grandeza y no dejándote llevar por ningún mandato irracional perfeccionista.

El derecho a tratarte bien a ti mismo. Implica activar en ti la capacidad de contemplarte, de acercarte a tu ser con ternura y autocompasión. No te dejes seducir por los amigos del autocastigo, por los belicosos que en todo ven una confrontación, incluso de uno con uno mismo. El amor que puedas dar a los demás empieza siempre por el que seas capaz de brindarte a ti mismo. Sacúdete el chip psicológico que te instalaron, el antivalor que exalta y sublima el sufrimiento como forma de crecimiento y perfeccionismo: no viniste al planeta a sufrir sino a observar, a maravillarte, a construir una vida con dignidad, pero no a flagelarte. Si hacerte daño y darte duro te acerca a un modelo socialmente ejemplar, bienvenida sea la imperfección.

El derecho a no compararte y a ser tu propia referencia. ¡Es tan obvio! Y aun así, millones de personas necesitan compararse para definir su propia identidad. La cultura de la imitación compulsiva nos pone por delante a personas "especiales", "exitosas", que han alcanzado la "fama" y un supuesto "respeto" para que se conviertan en nuestras guías morales o existenciales. El mensaje subyacente a este mandato es: "No seas tú mismo. ¡Tú qué sabes! Los que sí saben son los que lograron escalar". Si el mundo es de los ganadores, estamos en guerra y no lo sabíamos, porque en algún sitio hay perdedores. En contra de esta manera aplastante de pensar está el derecho a decidir qué quieres ser y cómo serlo. Ésta es la invitación. Que los humanos que admires te inspiren, pero que nadie te quite tu esencia en nombre de una superioridad prestada. No necesitas plagiar a nadie para encontrar tu camino o construirlo.

El derecho a dudar y a contradecirte. Maticemos: no defiendo el dudar todo el tiempo ni a toda hora ni sobre todas las cosas. Les guste o no a los promotores de las mentes rígidas: tienes derecho a confundirte y no por eso eres un imbécil o un ser de "baja categoría". Además, ¿quién no lo ha hecho alguna vez? Es increíble que la presión social nos obligue a una seguridad imposible de alcanzar. Existen, además, otros tres derechos subsidiarios que harán que puedas andar más liviano por la vida, si los ejerces: *el derecho a cambiar de opinión, el derecho a no tomar partido y el derecho a decir "no sé".* Todo esto configura una bella y próspera "ignorancia lúcida", que debería enseñarse en los colegios. Una vez más: lo anterior no implica ser una veleta, un tránsfuga de siete suelas, un Poncio Pilatos o un inspirador del oscurantismo. Me refiero a posiciones asumidas dentro de lo razonable, es decir, cuando una vez analizada y estudiada la cuestión seriamente se "decide" *no saber, no decidir* o *cambiar de parecer.* Sin esto perderías el derecho a ser flexible y falible. Créeme, una persona totalmente segura de sí misma, que sólo confía en su verdad, que se niega a revisar sus fundamentos y cree que todo lo sabe es un peligro social: se llama fanático.

El derecho a procesar y expresar tus emociones. No caigas en la cultura del hipercontrol. No me refiero al "buen autocontrol", al moderado e inteligente, sino a cualquier forma de represión psicológica que exalte el "analfabetismo emocional" o la "constipación emocional" (*alexitimia*). Tienes el derecho a leer tus emociones, a integrarlas a tu vida y a dejar que ellas completen tu existencia, así no seas el mejor ejemplo de "madurez" y "diplomacia". No eres un robot o el señor Spock de la película *Viaje a las estrellas,* en cualquiera de sus versiones. Tal como vimos en varios ejemplos, a veces hay que dejarse llevar por los sentimientos y la razón no es más que un estorbo. Todavía existe en nosotros la idea de que la "represión emocional" nos hará más humanos, especialmente elegantes y adecuados. En ciertas subculturas, una persona que se domina a sí misma hasta asfixiarse y perder todo rastro de espontaneidad es mejor vista que alguien que se deja llevar por sus emociones, así su comportamiento sea inofensivo y no histérico. Recuerda: la *alexitimia* no es una posición política ni una ideología, es una patología.

El derecho a fracasar y a no ser el mejor. ¡Qué alivio! ¡Cuánto peso se quita de encima una persona que logra aplicar este derecho hasta las últimas consecuencias! La buena vida no está en la desesperación por alcanzar el top 10, que aparezcas en la portada de un semanario, que salgas en la TV o que un club de fans te prenda velas. El afán por ser el mejor se asocia a un estilo hiperactivo de vida que nos impide ejercer dos derechos subsidiarios al principal: *el derecho a la lentitud* y *el derecho a matar el tiempo (ocio)*. Como una ley natural, los que predican y promueven la filosofía del ganador a como dé lugar (si no gano no valgo nada) ven la calma y el ocio como sus peores enemigos. Si sacas demasiado tiempo para rascarte el ombligo te dirán vago, así hayas trabajado antes partiéndote el lomo. Para esta sociedad del cansancio no hay un reposo válido. Tu organismo debe estar frenéticamente programado. Te invito a que antes de ser el "mejor" te preocupes por estar bien y en paz contigo mismo.

El derecho a reconocer tus logros y a sentirte orgulloso por ello. Sí, orgulloso. No vanidoso ni arrogante, sino orgulloso, alegre de saber que posees ciertas facultades o cualidades que te permiten hacer las cosas bien. ¿Por qué no? En nuestra cultura se ha magnificado la modestia, así sea falsa, así sea producto de la ignorancia de nuestros propios talentos: parece que lo importante es disimular lo bueno o hacerse un harakiri psicológico donde la fortaleza del "yo" se reduzca a la mínima expresión. No caigas en el error típico en el que el remedio sea peor que la enfermedad: que por evitar un extremo, te vayas para el otro. Para no ser presuntuoso no necesitas menospreciarte. Mi invitación es al autorreconocimiento, al amor propio, una y mil veces más.

El derecho a equivocarte y no sentirte culpable de tus errores. No aceptes ser un masoquista moral. Si cometes errores puedes sentirte responsable, pero no flagelarte ni castigarte por ser esencialmente "malo". Una cosa es robar una vez y otra es ser un ladrón; una cosa es tu comportamiento y otra tu fondo psicológico. Recuerda que la culpa es una forma de control social para que nos portemos bien, porque sentirse culpable es muy desagradable y el miedo a caer en ese estado nos lleva a evitar cometer actos incorrectos. La consecuencia es terrible: si te manejas por la culpa, no lo harás por tus convicciones. Que no sea el temor a sentirte culpable el que decida por ti, sino tus valores. Asume tu responsabilidad de manera constructiva y no destructiva: no te castigues por ser normal. El mandato te dice: si haces algo mal y no te sientes culpable eres malo. Así que aprendes, estúpidamente, a sentirte mal para sentirte bien (bueno, correcto, adecuado). Y también lo opuesto, que es igualmente absurdo: si te sientes culpable eres una persona benévola, misericordiosa y moralmente ejemplar (cercana a la "perfección" moral). En otras palabras, los cilicios mentales te hacen virtuoso, el sufrimiento te dignifica. ¿Habrá algo más contraproducente para la salud mental?

El derecho a no obsesionarte por el futuro y despreocuparte responsablemente por lo que vendrá. La sociedad de la prevención, amparada por un estilo paranoico, entrará en pánico si te muestras "despreocupado" (o no muy preocupado) por el futuro. Te dirán que eres un "irresponsable" porque lo que se elogia y ensalza es la personalidad tipo A, de la que hemos hablado: todo bajo control. Hay momentos en la vida en que no tenemos más remedio que aceptar lo peor que pueda pasar, soltarnos de cualquier previsión y fluir con los acontecimientos. Ese día, en que el desapego toca a la puerta, una curiosa forma de tranquilidad nos embarga, yo lo llamo "importaculismo". No digo que esta despreocupación deba prevalecer siempre y a toda hora, la indiferencia generalizada es moralmente sancionable; sino que desligarse de tanto en tanto del control y la anticipación catastrófica tiene el maravilloso efecto de disminuir la ansiedad, y si hay algo que te acerca al bienestar o la sabiduría es, precisamente, la ausencia de miedo y ansiedad.

El derecho a ser como eres, sin que te importe la aprobación de los demás. Esto es mal visto por el mandato del "qué dirán", porque entonces te desligarías del control social, del refuerzo y el beneplácito de tus iguales. Mucha independencia psicológica asusta a los que quieren ejercer dominio sobre nuestra mente y cuerpo. ¿Realmente crees que si los demás te aplauden vas bien y si te abuchean vas mal? Pues en realidad no es así. El que tiene la última palabra sobre tu comportamiento eres tú mismo. Inspírate en tus modelos más preciados, haz un recuento de tus años de vida, de tus valores, toma la carta universal de los derechos humanos, tu ideología, tus principios más sentidos y sin el menor atisbo de violencia, envidia o venganza, decide qué hacer. Decide tú, con seriedad y a plena conciencia, y si recibes la rechifla de tu ambiente inmediato no te dejes apabullar. Si tu decisión es razonada y razonable, serás íntegro de pies a cabeza, así vayas en sentido contrario y te alejes del modelo de perfección que quieren venderte los sabios en turno. No te vendas por una lisonja, no te arrodilles para que te aprueben. Recuerda: la necesidad de aprobación es un esquema enfermizo que te quita autonomía y libertad interior.

EPÍLOGO

El derecho a estar triste y no por eso ser infeliz. Tal como pudiste leer a lo largo del libro: estar triste no es estar deprimido. La depresión te destruye, la tristeza permite que reactives tus funciones y recargues energía, además de pensar mejor sobre lo que piensas, con más intensidad o profundidad. La tristeza es una mano que te tienden la naturaleza y la evolución, una emoción biológica de la cual no puedes prescindir si quieres que tu organismo funcione adaptativamente. No puedes arrancarte la tristeza como si te quitaras un mechón de pelos que no te gusta. Ella forma parte de tu ADN. El afán por el placer y por sentirse bien ha creado un apego y una exigencia de ser feliz a toda hora. Es decir: queremos bienestar al por mayor y que además sea inacabable: que nadie nos dañe la fiesta hedonista. La posmodernidad impone como regla del buen vivir la "euforia perpetua", la intolerancia a cualquier esbozo de tristeza, eliminado el derecho a tener nuestros bajones normales y productivos. ¿Qué hacer? Apuntar a la alegría, conformarse con los buenos momentos, así no sean paradisiacos. No existe el Nirvana en la tierra, sólo aquellos instantes de alegría que alumbran y encienden la existencia, como un fogonazo. Conclusión: si estás triste (no depresivo) es normal; si necesitas el bienestar continuo e incesante, vas mal. Mientras tanto, las agencias publicitarias nos dicen que la felicidad está a la vuelta de la esquina: un perfume (sobre todo los perfumes), un automóvil, una casa, un pantalón o una camisa, un pelo brillante e infinidad de "secretos" más te llevarán a una vida plena. Si tomamos las corrientes espirituales, la psicología, la filosofía y los grandes maestros, todo conduce a un punto: el verdadero bienestar sólo se alcanza cuando tenemos una vida con significado.

El ejercicio de estos derechos, y muchos otros que se te ocurran, que apunten a aceptar tu maravillosa imperfección, te llevarán a ser realista frente a tus cualidades y talentos y, lo más importante, harán que te *aceptes incondicionalmente*. Pero que quede claro, tu "yo" no se perfeccionará, se *fortalecerá*. No crecerás hacia una grandiosidad casi narcisista, *ampliarás tu ser*; y sobre todo, ya no querrás ser el mejor, sino el más *completo*. Cambiarás la fama y el prestigio por la tranquilidad. Y entonces sí, tu alegría escandalizará a los instigadores de la autoexigencia desmedida que no entenderán cómo es posible que un ser humano esté tan contento siendo tan imperfecto.

Aquí te dejo un último relato para que disfrutes de la imperfección natural.

Un sacerdote estaba a cargo del jardín dentro de un famoso templo zen. Se le había dado el trabajo porque amaba los arbustos, árboles y flores. Junto al templo había otro templo más pequeño donde vivía un viejo maestro. Un día, cuando el sacerdote esperaba a unos invitados importantes, tuvo especial cuidado en atender el jardín. Sacó las malezas, recortó los arbustos, rastrilló el musgo y pasó largo tiempo juntando meticulosamente y acomodando con cuidado todas las hojas secas. Mientras trabajaba, el viejo maestro lo miraba con interés desde el otro lado del muro que separaba los templos. Cuando terminó, el sacerdote se alejó para admirar su trabajo.

–¿No es hermoso? —le preguntó al viejo maestro.

–Sí... —replicó el anciano—, pero le falta algo. Ayúdame a pasar sobre este muro y lo arreglaré por ti —luego de dudarlo, el sacerdote levantó al viejo y lo ayudó a bajar.

Lentamente, el maestro caminó hacia el árbol cerca del centro del jardín, lo tomó por el tronco y lo sacudió. Las hojas llovieron sobre todo el jardín.

–Ahí está... ahora puedes llevarme de vuelta. [49]

Bibliografía

Aristóteles. (1998). *Ética nicomáquea. Ética edudemia*. Madrid: Gredos.
Altmaier, E. M., y Hansen, J. M. (2012). *The Oxford handbook of counseling psychology*. Oxford: University Press.
Bauman, Z. (2011). *44 cartas desde el mundo líquido*. Barcelona: Paidós.
Bruckner, P. (2002). *La euforia perpetua*. Barcelona: Tusquets.
Callan, M. J., Kay, A. C., y Dawtry, R. J. (2014). Making sense of misfortune: deservingness, self-esteem, and patterns of self-defeat. *Journal of Personality and Social Psychology*, 107, 142-162.
Chang, E. C., Bodem, M. R., Sanna, L. J., y Fabian, C. C. (2011). Optimism-pessimism and adjustment in college students: is there support for the utility of a domain-specific approach to students outcome expectancies? *The Journal of Positive Psychology*, 6, 418-428.
Chung, J. M., Robins, R. W., Trzesniewski, K. H., Noftle, E. E., Roberts, B. W., Widaman, K. F. (2014). Continuity and change in self-esteem during emerging adulthood. *Journal of Personality and Social Psychology*, 106, 469-483.
Clark, D. A., y Beck, A. T. (2010). *Cognitive therapy of anxiety disorders*. Nueva York: The Guilford Press.
Comte-Sponville, A. (2001). *La felicidad, desesperadamente*. Barcelona: Paidós.
——. (2003). *Diccionario filosófico*. Barcelona: Paidós.
——. (2005). *Pequeño tratado de las grandes virtudes*. Barcelona: Paidós.
Dewan, M. J., Steenbareng, B. N. y Greenberg, R. P. (2005). *The art and science of brief Psychotherapies*. Nueva York: American Psychiatric Publishing, Inc.
Donegan, E., y Dugas, M. J. (2012). Generalized anxiety disorder: a comparison of symptom change in adults receiving cognitive-behavioral therapy or applied relaxation. *Journal of Consulting and Clinical Psychology*, 80, 490-496.
Dreher, D. (1993). *El tao de la paz interior*. Bogotá: Planeta
Dudovitz, R. D., Li, N. y Chung, P. J. (2013). Behavioral self-concept as predictor of teen drinking behaviors. *Academic Pedriatics*, 13, 3 I 6-321.
Ellis, A. (2005). *Sentirse mejor, estar mejor y seguir mejorando*. Bilbao: Mensajero.
Ellis, A. y Harper, R. A. (2003). *Una nueva guía para una vida racional*. Barcelona: Obelisco.
Epícteto (2004). *Enquiridión*. Barcelona: Anthropos
Fernández-Abascal, E. G. (2009). *Emociones positivas*. Madrid: Pirámide
Fromm, E. (1996). *¿Tener o ser?* México: Fondo de Cultura Económica.
——. (1998). *El humanismo como utopía real*. Barcelona: Paidós.

García Gutiérrez, J. M. (2002). *Diccionario de ética*. Madrid: Mileto Ediciones.
Germer, C. K., Siegel, R. D. y Fulton, P. R. (2005). *Mindfulness and psychotherapy*. Nueva York: The Guilford Press.
Hadot, P. (2009). *La filosofía como forma de vida*. Barcelona: Alpha Decay.
——. (2013). *La ciudadela interior*. Barcelona: Alpha Decay.
——. 2004. *Plotino o la simplicidad*. Barcelona: Alpha Decay.
Han, B. (2012). *La sociedad del cansancio*. Barcelona: Herder.
Hays, P. A. e Iwamasa, G. Y. (2006). *Culturally responsive cognitive-behavioral therapy*. Washington: American Psychological Association.
Izard, C. E. (1991). *The psychology of emotions*. Nueva York: Plenum Press
Izard, C. E. y Ackerman, B. P. (2000). Motivational, organizational and regulatory functions of discrete emotion. En M. Lewis y J. M. Haviland (eds.), *Handbook of emotions*. Nueva York: Guilford Press.
Kashdana, T. B., Biswas-Dienerb, R., King, L. A. y Mason, G. (2008). Reconsidering happiness: the costs of distinguishing between hedonics and eudaimonia. *The Journal of Positive Psychology*, 3, 219-233.
Krishnamurti, J. (1997). *Preguntando a Krishnamurti*. Barcelona: Anatomía.
Lannin, D. G., Guyll, M., Vogel, D. L. y Madon, S. (2013). Reducing the stigma associated with seeking psychotherapy through self-affirmation. *Journal of Counseling Psychology*, 60, 508-519.
Lazarus, R. S. y Lazarus, B. N. (2000). *Pasión y razón*. Barcelona: Paidós.
Leahy, R. I. (2005). *The worry cure: seven steps to worry from stopping you*. Nueva York: Harmony Books.
Lindsay, E. K. y Creswell, J. D. (2014). Helping the self help others: self-affirmation increases self-compassion and pro-social behaviors. *Personality and Social Psychology*, 5, 421-431
Liney, A. A. y Joseph, S. (2004). *Positive psychology in practice*. Nueva York: John Wiley & Sons, Inc.
Lledó, E. (2005). *Elogio a la infelicidad*. Madrid: Cuatro Ediciones
Lopez, S. J. y Snyder, C. R. (2009). *Oxford handbook of positive psychology*. Oxford: University Press.
Lucrecio (2002). *De la naturaleza de las cosas*. Barcelona: Folio.
Lykken, D. y Tellegen, A. (1996). Happiness is a stochastic phenomenon. *Psychological Science*, 7, 186-189.
Macrae, C. M., Christian, B.-M., Golubickis, M., Karanasiou, M., Troksiarova, L., McNamara, D. L. y Miles, L. K. (2014). When do I wear me out? Mental simulation and the diminution of self-control. *Journal of Experimental Psychology. American Psychological Association*, 143, 1755-1764

Mancuso, V. (2009). *La vita auténtica*. Milán: Raffaello Cortina Editore
Palomera, R. y Brackett, M. A. (2006). Frecuency of positive affect as a posible mediator between emotional intelligence and life satisfaction. *Ansiedad y estrés*, 12, 231-239.
Renaud, J., Russel, J. J. y Myhr, G. (2014). Predicting who benefits most from cognitive-behavioral therapy for anxiety and depression. *Journal of Clinical Psychology*, 70, 924-932.
Ricard, M. (2005). *En defensa de la felicidad*. Barcelona: Urano
Riso, W. (1992). *Depresión: Un análisis desde el modelo de procesamiento de la información*. Medellín: CEAPC.
——. (2012a). *El camino de los sabios. Filosofía para la vida cotidiana*. México: Océano.
——. (2012b). *Cuestión de dignidad. El derecho a decir no*. México: Océano.
——. (2012c). *Sabiduría emocional*. México: Océano.
Ryff, C.D.(1989). Happiness is everything, or is it? Explorations on the meaning of psychological well-being. *Journal of Personality and Social Psychology*, 6, 1069-1081.
Sandel, J. (2013). *Lo que el dinero no puede comprar*. Barcelona: Debate.
Seligman, M. E. P. (2014). *Florecer. La nueva psicología positiva y la búsqueda del bienestar*. México: Océano.
——. (2012). *Aprenda optimismo*. Barcelona: Debolsillo.
——. (2003). *La auténtica felicidad*. Barcelona: Vergara.
Schopenhauer, A. (1983). *El arte del buen vivir*. Madrid: Edaf.
Snyder, C. R., Lopez. S. J. y Pedrotti, J. T. (2011). *Positive Psychology*. Los Ángeles: Sage.
Steel, P. (2012). *Procrastinación*. Barcelona: Grijalbo.
Stuart Mill, J. (2008). *Sobre la libertad*. Barcelona: Tecnos.
Thich Nhat Hanh. (2007). *El milagro del mindfulness*. Barcelona: Paidós.
Vásquez, C., y Hervás, G. (2008). *Psicología positiva aplicada*. Bilbao: DDB.
——. (2009). *La ciencia del bienestar*. Madrid: Alianza.
Wandeler, C. A. y Bundick, M. J. (2011). Hope and self-determination of young adults in the workplace. *The Journal of Positive Psychology*, 6, 341-355.
Zeigler-Hill, V., Besser, A., Myers, E. M., Southard, A. C. y Malkin, M. L. (2013). The status-signaling property of self-esteem: the role of self-reported self-steem and perceived self-esteem in personality judgments. *Journal of Personality*, 81, 209-219.

Glosario de cuentos y relatos

1. Cuento disponible en http://bit.ly/1G2kk8l. Consultado el 10 de abril de 2015.
2. Sim, Y. y Pons, P. P. (2005). *Cuentos tibetanos*. Madrid: Ediciones Karma.
3. De Mello, A. (1993). *Un minuto para el absurdo*. Bilbao: Sal Terrae.
4. Relato disponible en http://bit.ly/1P59brz. Consultado el 10 de abril de 2015.
5. Cuento disponible en http://bit.ly/1Oym1wr. Consultado el 10 de abril de 2015.
6. Cuento de mi autoría.
7. Cuento disponible en http://bit.ly/1HnRyR0. Consultado el 10 de abril de 2015.
8. De Mello, A. (1993), *op. cit.*
9. Cuento disponible en http://bit.ly/1P59FxX. Consultado el 10 de abril de 2015.
10. Monterroso, A. (1983). *La oveja negra y otras fábulas*. Barcelona: Biblioteca de Bolsillo.
11. Relato disponible en http://bit.ly/1Q9Zrhd. Consultado el 10 de abril de 2015.
12. De Mello, A. (1982). *El canto del pájaro*. Buenos Aires: Sal Terrae.
13. Cuento disponible en http://bit.ly/1JZiZAs. Revisado el 10 de abril de 2015.
14. De Mello, A. (1993), *op. cit.*
15. De Mello, A. (1993), *op. cit.*
16. Relato disponible en http://bit.ly/1DDYZBe. Consultado el 10 de abril de 2015.
17. Cuento disponible en http://bit.ly/1DDZbAi. Consultado el 10 de abril de 2015.
18. Relato disponible en http://bit.ly/1yLheG2. Consultado 10 de abril de 2015.
19. Cuento disponible en http://bit.ly/YZmJ3x. Consultado el 10 de abril de 2015.
20. Cuento disponible en http://bit.ly/1Gb4GaR. Consultado el 13 de abril de 2015.
21. Cuento disponible en http://bit.ly/1yLj8Xh. Consultado el 13 de abril de 2015.
22. Cuento disponible en http://bit.ly/1bdKoCA. Consultado el 13 de abril de 2015.
23. Cuento obtenido por comunicación personal hace varios años, que registra mi memoria y no me es posible precisar la fuente.
24. Cuento disponible en http://bit.ly/1D5ZEHO. Consultado el 13 de abril de 2015.
25. Cuento disponible en http://bit.ly/1O8cLUH. Consultado el 13 de abril de 2015.
26. Cuento disponible en http://www.laureanobenitez.com/fabulas.htm. Consultado el 14 de abril de 2015.
27. Cuento disponible en http://bit.ly/1J2Vucb. Consultado el 14 de abril de 2015.
28. Cuento disponible en http://bit.ly/1OyI6eg. Consultado el 14 de abril de 2015.
29. Cuento disponible en http://bit.ly/1G0C4yt. Consultado el 14 de abril de 2015.
30. De Mello, A., (1993), *op. cit.*
31. Cuento disponible en http://bit.ly/1IxOvV7. Consultado el 14 de abril de 2015.
32. Relato disponible en http://bit.ly/1D7vOUI. Consultado el 16 de abril de 2015.

33. Relato disponible en http://bit.ly/1yLkdOU. Consultado el 16 de abril de 2015.
34. Relato disponible en http://bit.ly/1O8dTaV. Consultado el 16 de abril de 2015.
35. Dobelli, R. (2013). *El arte de pensar*. Barcelona: Ediciones B.
36. Tucci, N. (2008). *Cuentos y proverbios chinos*. Madrid: ELA.
37. Relato disponible en http://bit.ly/1EkkScc. Consultado el 16 de abril de 2015.
38. Relato disponible en http://terapiasreiki-eft.com/cuentos-para-reflexionar/el-vendedor-de-zapatos.html. Consultado el 16 de abril de 2015.
39. Relato disponible en http://bit.ly/1O8e71F. Consultado el 16 de abril de 2015.
40. Relato disponible en http://bit.ly/1blh2TE. Consultado el 16 de abril de 2015.
41. Relato disponible en http://www.angeldelaguarda.com.ar/diogenes.htm. Consultado el 16 de abril de 2015.
42. Relato disponible en http://bit.ly/1Gb6Win. Consultado el 16 de abril de 2015.
43. Relato disponible en http://bit.ly/1bdMmTt. Consultado el 16 de abril de 2015.
44. Relato disponible en http://bit.ly/1Ho9jjd. Consultado el 16 de abril de 2015.
45. Relato disponible en http://bit.ly/1JmKcvW. Consultado el 16 de abril de 2015.
46. Dalton, R. (1970). *Poesía militante*. Londres: El Salvador Solidarity Campaign.
47. Relato disponible en http://bit.ly/1zCCicD. Consultado el 16 de abril de 2015.
48. Relato disponible en http://bit.ly/1F7ymXB. Consultado el 16 de abril de 2015.
49. Relato disponible en http://bit.ly/1Ho9R8T. Consultado el 16 de abril de 2015.

Esta obra se imprimió y encuadernó
en el mes de febrero de 2017,
en los talleres de Impregráfica Digital, S.A. de C.V.,
España 385, Col. San Nicolás Tolentino,
C.P. 09850, Iztapalapa, Ciudad de México